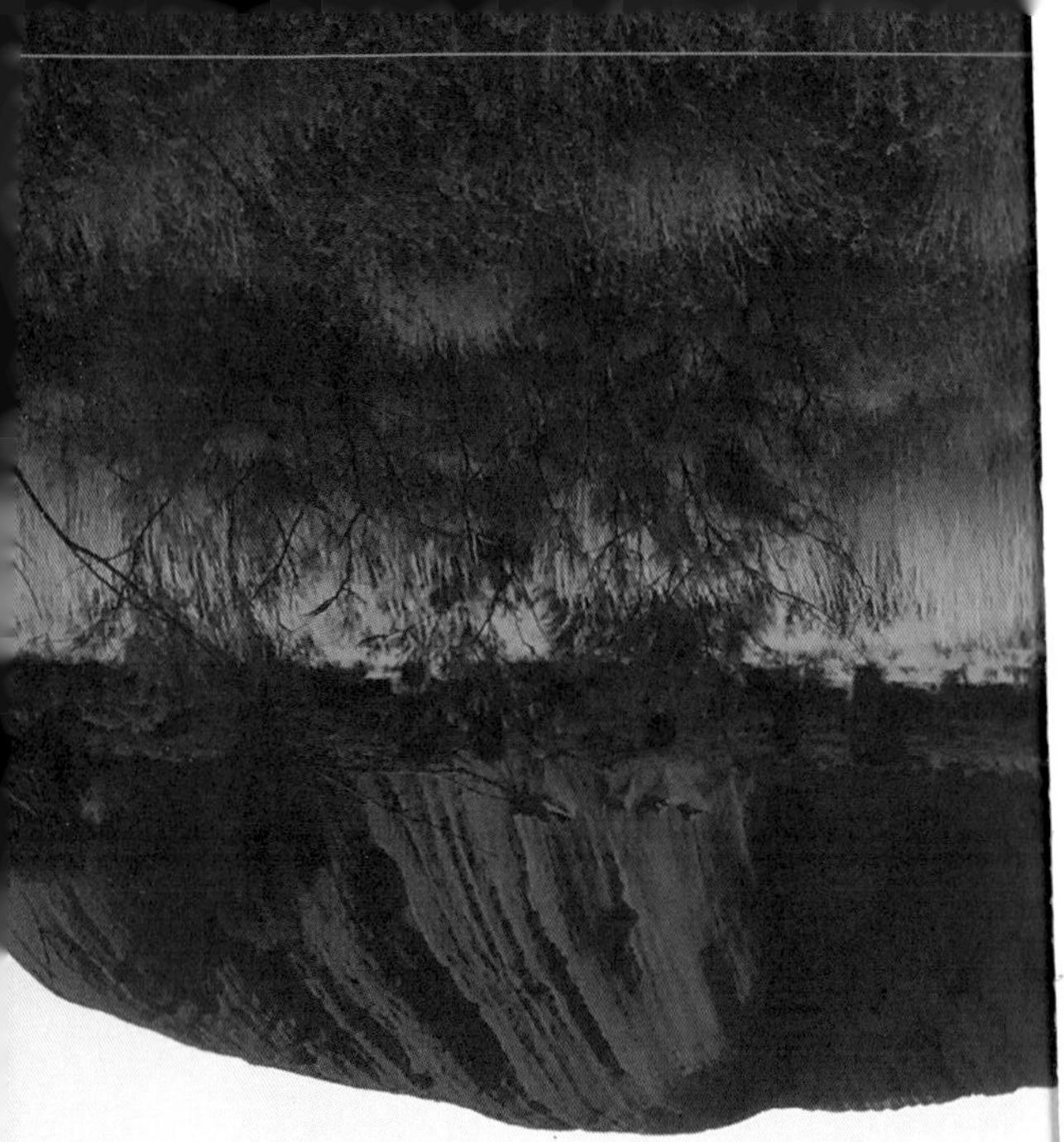

JN010831

es from
Places
地
ッセージ
恵子
i Keiko
MINSHA

イントロダクション

「はじめに」にかえて

あなたが愛と光のマスターとして人生の主役になるときがきました！

みなさん、こんにちは。スピリチュアルと現実を統合して最高の人生を実現する「スピリアルライフ」を提唱しています、穴口恵子です。

この本を手にしてくださってありがとうございます。

2020年から始まった新型コロナウイルスの流行により、世界のルールブックが書き換わったということは、あなたも知ってのとおりです。

世界情勢やこれまでの価値観は一変してしまい、パンデミックを起点に一時的に世界がロックダウンされたことにより、大変革が起こったのです。職を失った方、生活環境が変わった方、大切な人をなくした方も、今までなんとなく、幸せだったと思っていたことが、もうなんとなく幸せでいることができなくなった方々もたくさんいらっしゃると思います。

果たしてこの宇宙、私たちの暮らす地球はどうなっていくのか？

家で過ごす時間が多くなり自分と向きあう時間を過ごしたことで、新たな勉強をはじめたり、新しい世界に希望を感じている人もいるかもしれません。

反対に、仕事はこのまま続けられるのか。家族を養っていけるのか。ウイルスという目に見えない脅威に恐れを感じ続け、急激な社会の変化に不安を抱えている人もいらっしゃるでしょう。

それと同時に、私たちひとりひとりに新たなチャンスが与えられているのだと感じています。いま、あなたがどのように感じていても大丈夫です。安心してくださいね。

すでに私たち人類は新しいステージを歩み始めています。

それは、地球のすべての人びとが、自分が神であることに気づき、愛と光を放ちながら人生の主人公となって生きる祝福された世界。人々にとって黄金時代、まさに地球天国がスタートしたことを意味します。

あなたの夢、未来に描く理想や計画は、地球天国という新しい地球上に築かれていくのです。

地球天国の創造のために、聖地のエネルギーをチャージする

２０２０年の春先からコロナ禍において私のもとには、地球の女神ガイアから頻繁にメッセージが届いています。

その交信から、この先、私たち人類が新しい世界を現実創造をしていくうえで地球上の聖地、パワースポットとつながることが不可欠だと気づいたのです。

地球上の聖地は、わかりやすくいうと地球にとってのツボやエネルギーセンターのような場所です。女神ガイアのエネルギーはもちろんのこと、過去・現在・未来という時空を超えた大地のエネルギーを持ち、宇宙と交信しやすい磁場があり、多次元の存在や惑星と自由に繋がって、あなたの現実創造を応援するミラクルなパワーに満ちています。

多くの方が、聖地を旅して、「人生観が変わった」「願いが叶った」と言ったりしますが、それは無意識かもしれませんが、聖地と、その地を守護する**光のマスター**たちの力によって、自らの眠れる才能や感覚が呼び覚まされた結果だったりするのです。

この本においても、地球のさまざまな聖地と、その地にご縁が深い光のマスターとつながることで、あなた自身をアクティベート（活性化）し、地球天国という舞台で、あなた自身の本心からの願望実現はもちろんのこと、人類の進化、地球の次元上昇を叶えること

を目的にしています。

この本は、単なる聖地紹介のガイドブックではなく、この大転換期に、あなたに確実に変容をもたらすために生み出されたのです。

光のマスターって何?と思っていらっしゃる方のために説明しておきましょう。

彼らは、スピリチュアルなエネルギーによって私たちを助けてくれる高次の存在です。高潔な魂の持ち主であり、神、救世主と呼ばれることもあります。

一度は肉体を持って地球上で生きた経験がある人物がアセンションした場合が多く、各々が歴史や神話の中に名を残していたりします。日本の八百万《やおよろず》の神々もここでは光のマスターと呼んでいます。よって彼らは、人間の事情に詳しかったりもして、いつも私たちに適切なサポートをしてくださいます。

彼らはいつどんなときでも、私たちを見守って、呼べば駆けつけて助け船を出してくれる存在です。ただ今回のように、地球というこの美しい惑星が、この星に暮らす人類のすべてが、地球天国という大変容に至る過程においては、いつにもまして多くの惜しみないサポートの手を差し伸べています。

地球天国の創造というのは、私たちのような地球に暮らす人類のためだけのものではなく、光のマスターをはじめ、多次元の惑星の存在にとっても「待ってました!」といわんばかりの喜ばしい進化であり、地球天国という新しい世界は、人類と神々との共同創造の場でもあるからです。

あなたの部屋から聖地につながろう

とはいえ、物理的に、そう簡単に地球上のさまざまな聖地を巡るのは難しいと感じている人もいるでしょう。アフターコロナ時代になった今も世界中の聖地に旅をしたいと思っていても、いま一歩行動できないと言う方もいらっしゃると思います。

実は、エネルギーというものは、自由自在なんです！　**いつでもどこでも、あなたは行きたい聖地にアクセスして、そのエネルギーを受け取ることができます。**

私はこれまで30年近くの間、年間の3分の1を海外の聖地で過ごしてきました。そして、光のマスターたちとコンタクトしながら、「聖地からの遠隔ヒーリング&アクティベーション（活性化）」を開発、提供させていただいています。

今回はその手法を本に落とし込んで、自分の家にいながらにして、地球天国を生きる上で必要な聖地とつながること。そして、光のマスターのアクティベーションを受けられるように工夫しています。

これまでも、実際に聖地に行かなくても、多くのクライアントさんが遠隔でそのエネルギーを受け取って、現実に変化をもたらしています。それを鑑みても、エネルギーの交流という点においては、実際に「行く、行かない」はあまり影響しません。それよりも、敬意をもって真摯につながることを選択すれば、その時点ですでにあなたは聖地や光のマスターとつながり、エネルギーの循環が始まります。

あなたはいつでも、リラックスできる自分の部屋を聖地のエネルギーで満たし、あなたが望む未来、理想の自分を生きるために光のマスターとご縁をいただくことができます。

あなたは自分の魂を進化させながら、日本にいながらにして世界中のパワースポット巡りができるのです。

私たちの暮らすこの地球は、まさに次元上昇の真っただ中にあります。

私たちが放つ思いや言葉というパワフルなエネルギーは、あなたが信じていてもいなくても、ここ数か月で驚くほどのスピードで現実化しやすくなっています。聖地や光のマスターたちともそれだけつながりやすくなっているのです。

さあ、あなた自身が愛と光のマスターとして立ち上がり、自らの真実のパワーを手にして、人生の主人公となるときがやってきました。

もう何も恐れるものはありません。あなたの本心からの願いを光のマスターとともに叶えていきましょう。

この本を手にしたあなたはきっと世界の聖地や光のマスターとのご縁がすでにあるから、大丈夫です。

☆女神ガイアからのメッセージ
～これから地球天国を生きるあなたへ

ここで、母なる大地、そして私たちとともに地球天国へと変貌を遂げようとしている地球の女神・ガイアからのメッセージをお届けしておきたいと思います。

一連のメッセージの中には、この変容のタイミングで最も私たち人類に伝えたいと思っているエッセンスが盛り込まれています。

なぜ私たちは新型コロナのような未曾有の体験をしたのか。

これからどのような世界が創造されていくのか。

何を基準に人生の歩みを進めていけばよいのか。

あなたは大きな気づきを得られるでしょう。

時折読み返していただければ、女神ガイアのあたたかく力強いエネルギーをいつでも受け取ることができるでしょう。

*

「ようこそ。新しく生まれかわったこの地球へ。
あなたの魂はどれほどの転生を経て、この時を待っていたことでしょう。
あなたの魂は、数限りない転生を超えて、地球が生まれ変わったこのタイミングに出会うことを待ち望んでいたのです。

私はまず最初にあなたに感謝を伝えたい。人類は過去世において、数えきれないほどの天災や災害、パンデミック、戦争などあらゆる危機的状況を乗り越えてきました。しかしあなたの「生きる」という強い意志は常に私とともにあり続けました。あなたが私と共同創造主となって命をつないでくれたこと、この地球とともに「生きる」という意志を持ち続けていることに感謝します。

私は、あなたと数々の転生をともにしてきました。この3年以上にわたり、人類は新種のパンデミックに脅かされ、今後もこのような感染症がやってくる可能性は否めません。ただ、いまこのタイミングでパンデミックが起きたことは、私たち地球と人類の聖なる計画の一部であり、私とあなた方人類との約束でした。

私とあなたは共同創造主であり、ともにこのパンデミックを広げていく役目があったことに、どうか気づいてください。

私とあなたたち人類は、なぜこの計画に同意して、この体験をする必要があったのか。あなたの魂の深いところから、魂の視点でこの状況を見てほしいのです。

あなたの魂は知っています。

このパンデミックを通して、いよいよ私たちは原点に戻る選択をしたことを。

原点というのは、あなたがその命をいかに輝かせて生きるか、ということです。地球での体験を通してあなたがさらに進化、次元上昇していくことを選んだからこそ、私たちはこの時期に、計画を遂行しました。

この地球上で、あなたはその命をどのように生かしたいでしょうか。

私という運命共同体のもとで、あなた自身を「生かす」というところに全集中をするときです。

あなたがあなた自身を「生かす」ために大切にすべきこと、それは、セルフラブ、自己愛です。そして、あなたが感じているすべての生きとし生けるものへの愛です。それは家族や友人、仲間、ご縁を授かってかかわった人のみならず、生まれた国や地域、それを超えた遠い場所への思い、遠くに暮らす人々への人類愛、地球愛というべきものです。

あなたたち生命の住まいは、この地球です。この地球が、あなたの愛という振動数によって復活、あるいは新しく更新されて生まれ変わっていくことに気づいてください。

私たちは長い年月において分離を体験してきました。

男女、国、年齢、世代、あらゆる領域の分離がそこにはあります。物事の考え方、パートナーシップ、政治、経済、健康、学問などにおいてあらゆる項目がバラバラで、それぞれが分離したまま進んでいました。

分離はあらゆる対立や争いを生むものでした。

これからは、あらゆる面で、完全なる調和が生み出されていくときです。

私たちは「闘う」という世界を超越した存在に進化していきます。

共存共栄、共同創造の中で、あなたもあなたの周りの人も、すなわちすべての命が生かされていくのに闘いはもう必要ありません。いま必要なのはあなたが意識的に愛を選択することなのです。

あなたはこれまで、自分との「闘い」をずいぶんと繰り広げてきたのではないでしょうか。不安や恐れ、心配、他者への嫉妬、罪悪感というものに押しつぶされそうになるたびにそれらと闘ってきたのではないでしょうか。それらは最もあなたを分離に向かわせる闘いの意識です。どうかもう自分と闘うことをやめ、あなたという神が、愛という周波数の言動を放つことを選んでください。

愛のエネルギーはすべての生命と一瞬にしてつながることができる唯一の意識です。あなたの過去世の命がこの地球に生まれた、共同創造をはじめたはるかかなた昔、この地球の全存在、すべての生命は愛の意識で完全につながっていました。あなたの魂にはその記憶があるのです。愛という世界こそが原点であり、地球の、生命の原点なのです。

愛に原点回帰した状態であなたの意識をあちこちに巡らせてみてください。

あなたとつながることができないものは、何一つないことに気づくでしょう。あなたは、望めばすべての存在とつながることができる神なのです。

これは宗教の世界は関係ないことを知っておいてください。私たちの意識は、もとはひとつの統合された意識だったのです。それが分離し、いよいよふたたびひとつになろうとしている。すべてがひとつである調和した世界を私たちはともに築いていくのです。

その光の扉はすでに開かれました。

私たちは神として生きていながら、一人ひとり異なる役割を持っています。

多様な神々が集い、共同創造をしていく中で重要になってくることがあります。

慣例にならい、恐れや不安から行動をしないことです。すでに、誰かのオーダーや指図に強制的に従うことのない世界があるということに気づいてください。

何かを選択するとき、行動に移すとき、発言するとき、愛という原点に戻ってみてください。あなた自身が発信すること、あなたの言動が愛に根差したものであることが、あなた自身や、この地球の進化や創造にとって最高最善であることを知ってください。

そして、日本の八百万の神のようにそれぞれの使命を果たし、神々と共に望みを叶えていきましょう。

このタイミングを選び、生きる意志を強くもつ私とあなたは運命共同体です。

私たちがふたたび目覚めた愛のエネルギーは、大いなる源、そして宇宙のすみずみにまで伝播していき、私たちの意識はひとつであることを思い出すことでしょう。

愛とともに生きる。私の同士であり、私の愛する子どもであり、私とともに歩む神であるあなたに敬意を表します」。

目次

Chapter 2 地球の聖地とつながる準備

Chapter 3

地球天国への入り口　アジア・オセアニアの聖地

付録 地球天国へ!

Chapter1

地球天国はどんな世界?

これから私たちが歩む地球天国とは、実際どのような世界なのか。
私が女神ガイアのみならず、多次元の存在とコンタクトをして
わかったことをお伝えします。

いま古代レムリアの愛の振動数に戻るとき

まず、地球天国とは、一言で言えば、人類が各々の役割に目覚め、神々とともに共同創造しながら、愛を発信する惑星・地球を具現化していくことです。

地球天国を生きる人々は無条件の愛と信頼をベースにつながっていて、誰もが自分は全創造が生み出された宇宙の「源」から遣わされた神であることを認識し、それぞれの役割を果たします。そこには、争いやいざこざ、足の引っ張り合いなどもなく、各々が心から満ち足りて自分の人生をクリエイトしていける世界です。

実は、人類にとって、神々との真の共同創造は、はじめてではありません。地球の創成期、人類がスタートした地点、私たちの祖先は神々とともに生きていました。

諸説ありますが、私はそれは古代レムリアだったと思っています。古代レムリアは、紀元前450万年前くらいにあったといわれる文明です。

古代レムリアは、一言でいえば、完全な平和を築いていた世界です。その意識は、調和と博愛に満ち溢れたものであり、人類はさまざまな惑星の神々光の天使、自然界の精霊と自由自在につながって、無条件の愛と信頼をベースに生活をしていました。

古代レムリアの人たちは、「宇宙に愛の振動数を発信する」というミッションを遂行するために、自分は「源」から遣わされた神であることを覚えていました。そして、この地球において、肉体を持つことで愛を発信するために必要なものを物質化しはじめたのです。

自然界に存在する動物たちや植物たち、鉱物などは、もともとは意識体として地球の外側にいましたが、女神ガイアが引力を持って引き寄せたものです。それは愛を発信する惑星を創造するうえで、美しい自然界というものを創っていこうと、人間や神々とともに相談し合い、共同創造したのです。

愛の震源地は、地球

古代レムリア時代に「無条件の愛と調和をベースに生きること」をミッションとしていた人類は、なぜそれを忘れてしまったのか。それは、女神ガイアのメッセージにもあった長きにわたる「分離」の体験があったためです。

私たち人類は、肉体を持ったことで、自分とは異なる意識を体験することになりました。そこから、男と女、右と左、高い低い、陰と陽、好き嫌い、お金持ちと貧乏人、幸福と不幸、ポジティブとネガティブ、生と死など、分離の概念が始まったのです。

分離は二元性と言い換えることもできます。しかし本来、愛というのは、一元で、対になる正反対の言葉はありません。愛の反対は、「恐れや不安じゃないの？」と思う人もいるかもしれませんが、それは、言語が生まれた後に、人が、愛とは異なる不快な周波数の感情をそのように名付けたもの。二元性の視点から判断してできた概念なのです。

勘違いしないでほしいのは、二元性は悪いものではないということです。

肉体をもった私たちが、自分をこの地球に存在させるためには、自分を認識できなければなりませんね。自分を認識するためには相対する誰かや何かが必要です。「安心・不安」「暑い・寒い」「嬉しい・悲しい」「ある・ない」など、人は相対するものを認識することによって、自分という存在がこの地球上に「ある」ことを確認できます。

相対するということは、「違い」です。違いから比較が生まれ、競争や闘いが生まれ、存在価値や承認欲求という考えも生まれました。それが分離の社会なのです。

ただ、分離の価値観はほんとうの「愛」を見る目を曇らせてしまいます。

たとえば、「お金がたくさんあることは幸せ、お金がないことは不幸せ」という価値観があります。これは、「あるか、ないか」という二元性に左右された幸福感です。

ある人が、「いまは事業が成功してお金持ちだけれど、事業が傾いてお金がすっからかんになるのが怖い」と考えているとします。表面的には幸せだけれど、心で常にお金を失うことを恐れている。だから、もっともっと稼ぎたいと思っていたとします。

お金に限りませんが、そのような、「ある・なし」で左右される幸せは、真の幸福ではありません。

こう考えてみると、私たちが生きてきた世界は〝二元どっぷり〟だとわかりますよね。

この二元の世界の価値観の中にいる限り、私たちは消えては現れる悩みや心配、恐れや迷いに苦しみ続けることになります。

いま、新たな地球の文明を、愛と至福と喜びと豊かさに満ちた世界観で分かち合えるチャンスがやってきました。これは二元の価値観から抜け出すチャンスともいえます。

比較や闘いをベースにした分離の世界から、一元性の比較や闘いのない統合の世界に意識をシフトしていきましょう。

ほんとうの愛は無条件であり、本質的に、「愛」、それただ一つだけなのです。

今生、地球に生まれた人は、DNAに古代レムリアの魂を受け継いでいる人がほとんどです。

古代レムリアで体験した一元から、これまでの二元へ、そしてふたたび地球天国で一元へ戻る。この愛の道を体験することも、源から降りてくるときに、神々と一緒に考えた計画だったと、女神ガイアより聞いています。

この宇宙において愛の震源地は、地球です。そして、あなたが地球生まれであるということは、愛から生まれたということです。そこに戻るだけなのですから、どうぞこれからは安心して愛を選んでいきましょう。

愛の振動数が免疫力を高める

「パンデミックが起きたことは、私たち地球と人類の聖なる計画の一部であり、私とあなた方人類との約束でした。
私とあなたは共同創造主であり、ともにパンデミックを広げていく役目があったことに、どうか気づいてください」。

女神ガイアのメッセージにあった、この言葉にショックを受けた人もいるかもしれません。このパンデミックでとても辛い思いをした人は、聖なる計画だなんてとても思えないでしょう。

ガイアはこうも伝えてきたことがあります。

「私は、新型コロナの存在も、あなたを愛するように愛しています。
すべての地球上の存在に対する私の役割は、その本質が愛であることを、どのような状態になったとしても思い出してもらうことにあります。

自然災害が起こったとき、人類は、「私が怒っている」というように解釈することが多々ありました。多くの人々が、私の怒りが火山の噴火や地震を起こした、というように捉えていると思います。しかし真実は、違います。火山の噴火や地震といった自然災害やパンデミックは、あなた達人間が、げっぷをするようなものなんです。

私の生命維持、エネルギーの調整ために必要なもの。あなた達の体に免疫というものがあるように、私にも生命を維持するために必要なことが起きているだけなのです」

つまり、新型コロナウイルスも、地球の生命維持の循環のために必要なものだということです。

この体験を通して、真に大切なものは何かといえば、第一に命であると、誰もが気づいたでしょう。あなたがあなた自身の命というものにフォーカスするために、パンデミックは起きた、とも考えられるのです。

新型コロナがどんなふうに人類に寄生しているか考えてみてください。

それは、肺を介してです。肺は呼吸、そして心臓にダイレクトに関係する器官です。

心臓が止まってしまったら、肉体の生命が終わることは誰もが知っています。つまり最終的に、心臓の強さが生命のエネルギーシステムや免疫システムを左右しているのです。

そして、心臓のエネルギーの振動数を高める鍵は、愛のエネルギーにあります。自分自身をどれだけ愛しているか、大事に扱っているかが肝になるのです。

このパンデミックのひとつの問いかけは、「あなたはあなたの命を大事にしていますか」、ということなのです。

あなたが命を大事にしているならば、食べものや、飲みもの、運動や睡眠など、基本的なあなたの生命維持装置である体を労わることをしているでしょう。

心の側面からみると、オープンハートで人と接し、親切心や真心を込めた行動をとっているでしょう。自分に対しても、ダメ出しをして傷つけたり、やりたいことを我慢したり、できない言い訳をして自分との約束を反古にしたりしないでしょう。

自分自身が真の愛を生きているかどうか。

いまふたたび愛に目覚めた私たちは、完全なる調和の世界に向けてトレーニングをするときなのです。

地球天国での日本人の役割

新型コロナにおける日本人の真の役割について、私自身が女神ガイアや他の高次元の存在と話したことがあります。

それは、地球人の中で、私たち日本人のＤＮＡの中に、長きにわたって封印されてきたもの、神聖な調和のエネルギーが開かれたことだ、と。

どういう意味かというと、新型コロナが国内で感染発生してから3年以上経過しましたが、日本の新型コロナ感染者の推移は、感染が広がりはじめたころは、諸外国に比べて緩やかな状態が続いていたということです。そのグラフはネットなどで確認できますが、やはりワクチン接種が始まるまで爆発的感染が続いた欧米諸国とちょっと違います。不思議なことに、ワクチン接種が始まってから時間が経つにつれ、ウイルスの変異も起こる中、日本人の感染者は異様に増えました。

緊急事態宣言も、ハーモニアスロックダウンで、欧米諸国に比べてゆるやかな都市封鎖で、完全な経済活動の中止まではともなっていませんでした。

もちろん世論や有識者のさまざまな意見があることは承知していますが、ここで医療従事者のみなさまには感謝を送りながら、女神ガイアや高次元の存在と私が交わした情報をシェアさせてください。

高次元の存在達は、日本人のＤＮＡの中に含まれている情報の中に、「すべてと調和して一つである」という周波数があると言っています。

その周波数には二つの大きな特長があります。一つは、「高い免疫力」、自然治癒力ともいえるものです。もうひとつは、「すべて一つ」であるという「分離を統合する」という力です。それゆえ、感染者数が拡大はしても、欧米諸国のような拡大グラフには至らないと言っています。

これは、日本人の一人ひとりが、建前の調和でなく、ＤＮＡに秘めた真の調和のエネルギーを振動させて、調和の意識というものを世界中に発信する役割を持っていることを意味しています。真の調和という視点に立つと、新型コロナと「闘う」意識は日本人には馴染まないのです。そもそも日本人のＤＮＡの中には、攻撃や分離をしない調和の意識がある。異質なものが入ってきたとしても、本来のＤＮＡが調和することを望んでいるからです。

よく言われますが、日本人の生活では、神道の要素、仏教の要素、キリスト教の要素が混在していても、それが大問題に発展したり、ケンカになるようなことはありません。

お盆やお彼岸に先祖の墓参りをする人がクリスマスを祝い、その一週間後には神社に初詣に行きます。そのような柔軟な心の在り方や、日本人らしさというものを保ちながらも、新しいものに対して受け入れる心の在り方は特徴的だと思います。

私たちの体の在り方もそうです。日本人の食生活は酵素、麹、梅干し、各種海藻類のミネラル、シリカなどを取り込んでいることで、体内に存在している悪玉菌や善玉菌などの菌とのバランスが整いやすい。そういったものが免疫システムを高くする機能と関係しているようにも感じます。

そして、神道の教えにもある、「祓い給え、清め給え、さきわえ給え、守り給え」の文言通りに私たちの日常生活は、清めることを普通にしています。幼いころからうがい手洗いを習慣にしている民族は日本くらいです。愛の源のひとつである「水」に恵まれた国であり、毎日入浴できるような清潔さを保てる土壌があることも、影響しているでしょう。

これらの要因があって、日本人の感染の拡大の様相が違ったのではないでしょうか。

そして、日本人のＤＮＡにある調和の意識は、レムリアの過去世から引き継ぐものであり、地球天国において、なくてはならないものなのです。

次元上昇＝弥勒《みろく》の世界の始まり

この新型コロナによる大変革は、次元上昇＝弥勒の世界の始まりと、受け止めることもできます。

弥勒は、「369」を意味します。仏教では、お釈迦さまの入滅後、56億7000万年後に世界が滅びかけたとき、弥勒菩薩が下界に降り立ち、人々を救済するといわれています。『日月神示《ひつきしんじ（ひつくしんじ）》』という日本の預言書では、この宇宙には天界、中界、下界の3つの世界があり、それぞれ6柱づつの仏様（神様）がいらっしゃる。人類がいる下界が混乱していると、天界の弥勒菩薩が下界に降り立ち世界を救うので、天界の仏様が6から5と減り、下界の仏様が6から7となる。つまり、567、コロナの仕組みはミロクの仕組みとイコールだと説いています。

これは、単なる語呂合わせのお遊びではなく、古来日本は言霊の国であり、言語には精霊が宿されているという考えがあります。万葉集には「大和は言霊《ことだま》の幸《さき》はふ国」と表現があり、日本は言霊によって幸福になると私たち日本人のご先祖は知っていたのです。

また、コロナというのは、5次元、6次元、7次元という次元上昇を意味しているとも取れます。

スピリチュアル的に「次元」を説明しておきましょう。

1次元は「点」。

2次元は「平面」。

3次元は「物質世界」(これまでの私たちのいる世界ですね)。

4次元は、妖精界、精霊界と幽界が同時に存在していると言われています。まだ3次元に近い感覚が残っているので、ネガティブな波動も多少含まれます。

5次元は、アセンデットマスターがいる次元。アセンションした存在の元人間の方々がいます。

6次元は「天使」。日本バージョンでは、阿羅漢《あらかん》と言われます。

7次元は、「光の天使」。日本バージョンでは、菩薩と言われます。

8次元は、大天使。日本バージョンでは、如来と言われます。

9、10、11、12次元は、さらに大元の源に近い存在がいる世界です。

13次元は、最終次元であり、「源」。「神」「グレートセントラルサン」「原初の光」とも言われる存在がいるのです。

今回の新型コロナによる大変革により、弥勒の世界が始まったとすると、地球はネガティブ感情がまったくない5次元でアセンションしたと考えることができます。

肉体という物質を持つ私たちは3次元に生きていると思っているかもしれませんが、私たちはすべての次元とつながっていますし、すでに5次元への上昇が始まっているのです。

ただ、アセンションした地球で、肉体を持つ人類を生かすためには、5次元レベルだけの振動数では保てないのです。6次元や7次元の振動数とともにあることで、5次元が安定、定着化していきます。

そこが地球全体の次元上昇の鍵になりますし、これから地球人が進む方向です。

他の惑星とも連携して地球天国を創造する

地球のようなあらゆる生命が息吹く美しい惑星というのは、他の惑星から見ると、非常にユニークな存在です。

未確認飛行物体や地球外生命体を実際に見たことがある人や、ニュースを聞いたことがある人もいるかもしれませんが、これまでも彼らはこの地球の生命とつながりたいと思って偵察にきていました。それは怖いことではまったくなくて、ふたたび地球の生命が本来のミッションに戻るとき、それは地球のアセンションとも言い換えられますが、彼らはそれをサポートしながら、いまかいまかと見守っていたのです。

地球の本来のミッションというのは、前述したように愛と平和のエネルギーを発信することです。

11次元にある金星の光のマスターであるアシュタールとコンタクトしたところ、「地球のアセンションを見守り、地球人を愛と平和へと導く」というミッションを果たすためにやってきたと言うのです。アシュタールとは、金星の言葉で愛を意味し、「愛の大使」のようなイメージを持たれる方が多いかもしれませんが、彼らは愛と平和を授けるために地球にコンタクトしているのでなく、地球の人たちが元々持つ、愛と平和に目覚めるために遣わされただけ。逆にいうと、地球と人類がいることで、他の惑星の存在は愛の振動数を得ている。愛は地球こそが源なのだと口をすっぱくして伝えています。

惑星エササニからやってくる多次元宇宙存在であるバシャールにおいても、30年以上前から、地球の振動数を上げるために、地球に遣わされているのです。

彼の役割は、「ワクワクを追求しなさい」「常にワクワクを選びなさい」というシンプルなものです。

ただ、人類は源で創った神々との計画で、究極の分離を体験するまでは目覚めないというシナリオを創りましたから、今日まで時間がかかったのです。

古代レムリア時代、人類はプレアデス、シリウス、アンドロメダ、ヴィーナス（金星）、アルクトゥールスの惑星の光の天使と自由自在につながっていました。

古代レムリアやその後に続くアトランティス文明では、言語がまだなく人々はテレパシーで会話していたともいわれています。

「スピリチュアルな才能なんて特別な人にしかない」なんて思っていたらそれはとても、もったいないです。

いま、超古代レムリアの意識とつながり直すことで、あなたの過去・現在・未来に用意されているすべての才能とつながり、完全な状態のあなたが整うことになります。

それは、私たち人類が他の惑星ともふたたび自由に交信しあって、新たな地球の文明を、愛と至福と喜びと豊かさに満ちた世界観で分かち合うチャンスがきたということです。

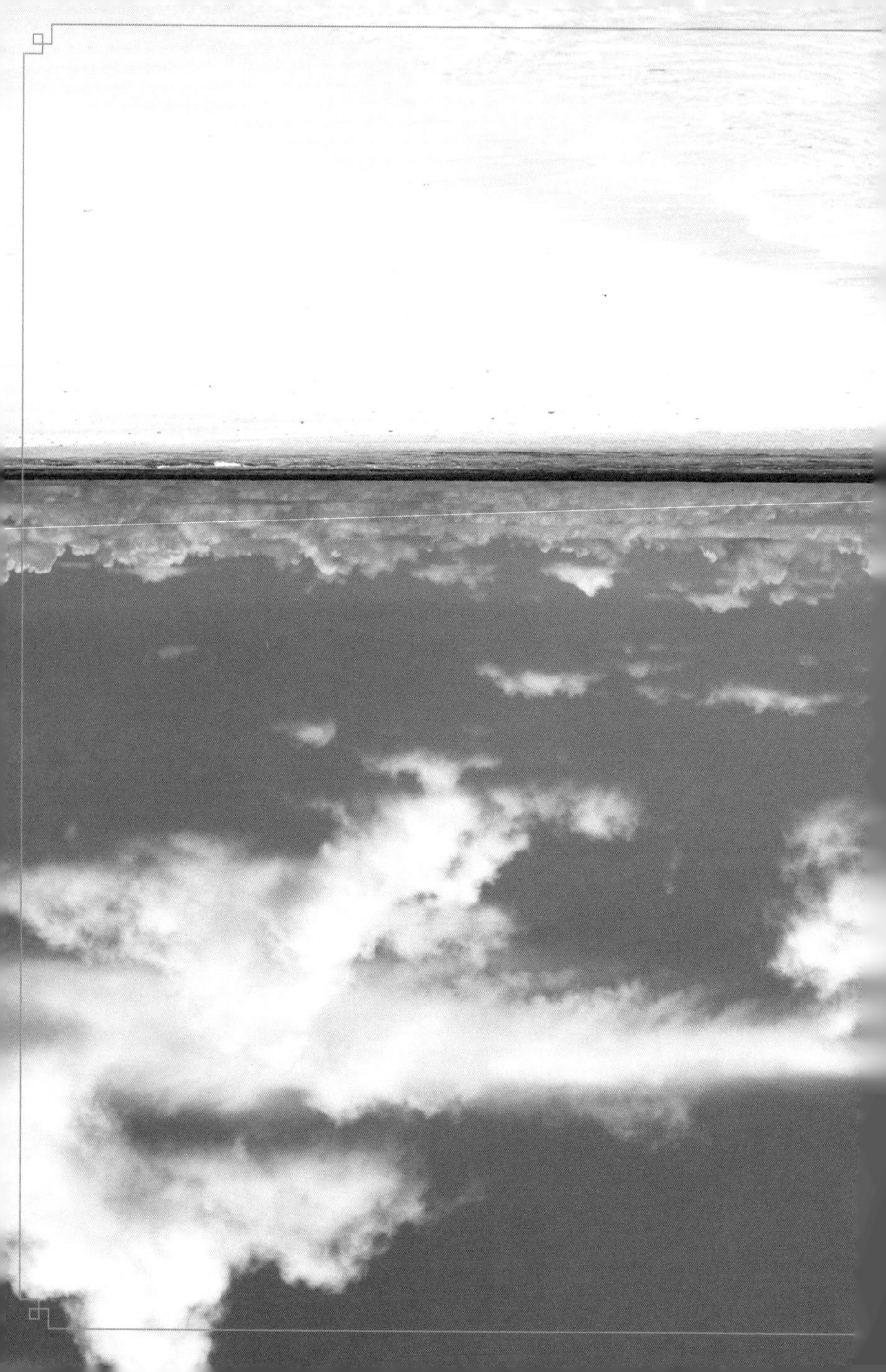

Chapter2

地球の聖地とつながる準備

さあ、いよいよ

女神ガイアと多次元の存在が創り出した
地球のパワースポットとつながって、
地球天国を創造していきましょう！

聖地と光のマスターの関係

この地球には、実にさまざまな神、高次の存在が住んでいます。自然界のみならず、人々があわただしく生活する都会にも彼らは存在し、その土地や街、そこで暮らす生命を守護してくださっています。それは、どんな土地にも、必ず神社や教会があることを想像したらわかりやすいと思います。

日本人である私たちは、きちんと清められた神社のご神域に入ったとたん、清浄なエネルギーに満たされ、自分の内側がデトックスされたような、何か変化したような気持ちを体験したりするものです。そのエネルギーの変化こそ聖地やマスターのパワーであり、本来の自分自身とつながるきっかけとなるのです。

神社にお参りするとき、ただなんとなく二拝二拍手一礼をするのではなく、そこにお祀りされている神様のご神名を知り、その神様に意識を向けてお祈りすることでより大きな力を受けることができると、感じる人は多いのではないでしょうか。

それと同様に、世界の聖地にも、その地を管轄している光のマスターがいます。

私は聖地に行くと、光のマスターにご挨拶を申し上げた後、その場所でいちばんエネルギーが強く感じられる場所に座ります。

当初、光のマスターとつながってともかくびっくりしたのは、彼らのエネルギーが実にリアルで、それぞれが本当に豊かな個性をもっていることでした。それは、自分が日本にいて遠隔でパワースポットとつながっても同じように感じます。

雄大なエネルギーであったり、たおやかだけれど芯の強さを秘めたエネルギーであったり……。感じ方は人それぞれでしょう。中には表面的には何も感じないという人もいらっしゃいます。ただ、なんらかの体性感覚を感じるかどうかはさほど重要でありません。その振動数は、あなたがその場に意識を向けるだけでチャージされるからです。

眉唾ものだと思うかもしれませんが、多くの人はまだ、自分の神聖さに気づいていないだけなのです。

自分自身の心の声や、直感、導きのサインを信じられていないことが多いです。内なるガイダンスに従う代わりに、周囲の意見や期待、過去からのパターン、社会のルールに従うことを選び、それが人生に迷いや混乱、多くの苦しみを生んでいます。

でも私たちは本来誰しもが、源の子どもです。心を込めて祈るなら、神々はその祈りを現実にするために、いろいろな形でサポートしてくださるでしょう。

遠くにいて崇めるだけでなく、身近に高次の存在を感じて交流をはじめましょう。彼らとの回線はすでにつながっているのです。

自らの意図により、どのパワースポットの周波数に合わせたいのか、どのマスターとつながり、どの道を進みたいのか、あなたは選択できるし、フォーカスできます。

この本を手にしてくれたということは、パワースポットとつながるだけではなくて、光のマスターも呼んで、創造主として一緒に働きをする使命があなたにあるということです。共同創造するということを意図していけば、高次の存在は喜んで力を貸してくれます。

自らのハートの中にある神聖さに意識を向け、愛の言葉を語り、秘めた能力を目覚めさせていきましょう。

パワースポットと人との間にはエネルギーが循環している

私自身がパワースポットに行き始めてから、早30年以上が経ちました。昔からスピリチュアルや不思議なことが大好きでしたが、あくまで趣味のひとつとして聖地巡りを楽しんでいたのです。

当時の私はグローバル企業のコンサルタントをしていて成功していましたし、生活も充実していたのですが、「自分の真の才能、ライフワークはなんなのか」。ふと思うことがありました。

そして、1992年にハワイのカウアイ島にあるハエナヘイアウという場所を訪れ、クリエイティブビジュアライゼーションの師、誘導瞑想の先駆者であるシャクティー・ガワインのリトリートに参加しました。そこで自らの神聖なビジョンに目覚めて以来、ワンネスのビジョンとつながって、自らの役割を生きる方向へ人生が大きくシフトしたのです。

そこで見たビジョンは、広い空間に女性ばかりが集まって癒やしの空間をつくっている。みんな笑顔で、一人ひとりが完全に目覚めている。そして、わいわいと一緒に世界を旅している、というものでした。

当時の私といえば、日常で男性相手に企業と契約を交わし、出張は多くても自分が好きなところに旅をするという生活ではなかったので、真逆のビジョンにかなり驚きました。振り返ると、自分の顕在意識ではまだ気付いていないけれど、未来の自分が最もこの地球上に貢献できることを見せてくれていたのです。

1997年にペルーのマチュピチュを初めて訪れたときのことも忘れられません。

「あなたの準備がもしできているのなら、私たちはあなたのライフワークを応援したい。人類と母なる地球の目覚めを助けたい」

突然「虹の光の同胞団」と名乗る存在から、そうメッセージが聞こえてきたのです。

それからというもの、虹の光の同胞団からのサポート役として、「レインボーエンジェル」と名乗る天使たちが私の元へやってきて、ヒーリングサロンの開業や、書籍の出版など、私自身のあらゆる願望実現と成功を手助けしてくれたのです！　中でも、それまでまったく考えていなかった店舗経営は、直感に従い動いたところ、必要な資金も人材もすべて用意され、シャスタや大阪にも支店を出すほどになりました。

また、シャスタとセドナに毎年のように行っていた時期があり、自分の事業が飛躍的に拡大する経験をしました。

シャスタで、高次元の周波数を受け取って、自分のビジョンを明確化し、アンカーさせた後、セドナに移動して「こうすることに決めました」と報告していました。

すると、自分の想像を超えて、スタッフや店舗が増えていったり、プロジェクトの金額の桁が大きくなったりということがありました。


そういった経験は私だけに起こったわけではなく、一緒に聖地を訪れた仲間や、遠隔のアクティベーションによって聖地のエネルギーを受け取った方たちからも続々と報告が寄せられています。


パワースポットと人との間には、一方的なものはない。そう私は確信しています。

この宇宙においては、何もかも「循環」が働いています。

あなたが神社に行けば、そのご祭神が「おおよく来たなあ」と喜んでくれていたりする。

そういった意味で、神様から与えていただくばかりではなく、あなたも与えているわけです。そういった循環があることで、神々はあなたが命を輝かせていくということに対して応援してくださるのです。

基本——聖地の神々とつながり、願いを叶える方法

聖地や神々の選び方

この本でご紹介するパワースポットは、私が光のマスターから啓示を受けて、いま地球の大いなる変容のときを迎えた私たちにとりわけ必要な、選りすぐりの場所になっています。

パラパラと聖地のページをめくって直感で選んでもいいですし、あらかじめ好きな聖地があるのならその場所からはじめてもかまいません。その聖地の得意とする目的や光のマスターから選んでいただいてもよいでしょう。

ワークについて

光のマスターたちは、光の評議会を行って、それぞれの役割を話し合い、地球天国を共同創造する私たち人類にとって最適なエネルギーチャージの方法を伝えてくれました。

それを今回イメージワークという形に落とし込んでいます。

写真を見ながら、ガイダンスに従ってワークをしていくと、聖地を擬似体験できます。その聖地や光のマスターのエネルギーによってあなたはエネルギーチャージされていきます。

ただ、ガイダンスに従うのは絶対ではありません。

光のマスターに意図を告げる際の文例をたくさん盛り込んでいますが、もちろん自分の言いやすい表現に変えて問題ありません。途中でやめてもかまいませんし、写真のページを開いて瞑想をしたり、自分なりの祈りを捧げたりすることでも、あなたがその地に意識を向けて、意図を放つことでエネルギーはちゃんと受け取ることができます。

場所や時間帯について

神聖なエネルギーに対してオープンになれる場所をつくるとよいでしょう。

地上のどこにいても、聖地の波動を受け取り、光のマスターとつながることは可能ですが、慣れるまでは、家の中にあなた自身がリラックスできる場所をつくるとよいでしょう。絶対ではありませんが、お香や塩、パワーストーンを置いて、その場所を浄化してもいいですね。時間帯は問いませんが、慣れるまでは、数十分から小一時間程度ゆっくりできるとよいでしょう。

ワークの最初と最後は挨拶を忘れずに

光のマスターたちは、これから地球天国をともに創造する仲間です。
招いたとき、そしてワークを終えたときは感謝の挨拶をするようにしましょう。

はじめの挨拶

あなたが自分の部屋にいることを前提に、以下のような文言で、聖地に招かれた感謝を伝え、光のマスターを招きましょう。

「この地とご縁をいただき感謝します。
神聖なる私の名において、いま私のいるこの空間に、○○○○○（光のマスターの名前が入る）を招きます」

軽く目を閉じ、彼らが来てくれている、それを感じてみます。目を閉じていても、目の前に違う存在がいる気配を感じる人もいるでしょう。彼らは招けば必ず来てくださいます。呼ばない限りは来ません。

おわりの挨拶

じゅうぶんにパワースポットのエネルギーと交流したら、高次の存在に感謝を伝えます（途中でワークをやめたときにも、感謝の挨拶をしましょう）。

エネルギーチャージが終わったら、彼らは手を離してくれます。手を離してくれるというのは私の感覚ですが、それは体が教えてくれます。体が十分に活性化された、スッキリした、気分がよくなった、と自分自身が感じられれば、彼らは離れたと考えてＯＫです。

最後に、あなたの目の前にいる彼らにこんなふうに感謝を伝えましょう。

「きょうは、○○○○○のワークをありがとうございます。
このご縁に感謝します。
これからもあなたと私は、共同創造主として働きをしていきます」

応用の使い方

ご縁を強く感じる光のマスターができたら、ワークをするだけでなく、気軽にあなたの部屋に招くこともできます。

いまあなたが計画していることを聞いてもらう、悩みを相談するなど、いろいろなお話をしてみてください。きっと何かしらのサインをくれるでしょう。

また、この本には、あなたがご存じの聖地や、お気に入りの光のマスターが含まれていないかもしれませんが、がっかりしないでください。

あなたが好きな場所や光のマスターは、あなたにとって間違いなくご縁がある存在ですから、あなたの部屋でぜひつながってみてください。

なお、実際にご紹介したパワースポットは、観光地として人気の場所もあります。

実際に訪れた際は、どんなに人がいたとしても、スペースを少し確保して、自分の内側に静けさを感じ、光のマスターに呼びかければ必ず応えてくださいます（実際に、聖地へ足を運ぶ際は、各施設等の運営時間や、礼拝のマナーなどを事前に確認しておでかけください）。

穴口恵子の聖地巡礼Q&A

パワースポットとつながりたいときに多くいただく質問をチョイスしてみました。

Q1　イメージがうまくできません。

A　それぞれの聖地には、私が撮影した写真を掲載しています。それらをじっくり見たり、その場所をネットやSNSで検索すれば、さらにいろいろな画像や動画だったりを見ることができるでしょう。だいぶイメージがわきやすくなると思いますよ。

たとえば、自分が聖地を旅する映画やドラマに出演しているような気持ちで、想像力を使ってください。神殿やオブジェ、森の中や草原などの風景が実際はどんなふうであるか、正確さにこだわりすぎる必要はありません。聖地と交流していると、思いがけず自分の想像を超えたビジョンを見ることもあるからです。

心が鎮まった状態で、ワクワクしながら聖地をイメージすることが大事。そのときのあなたのイマジネーションこそが、高次元へつながるための呼び水になります。

Q2　聖地や神々とつながった感覚はどんなものですか？

A　高次の存在とつながったとき、それを視覚的にとらえる人、光の存在として感じる人、なんとなくわかる人、鳥肌がたってぞわぞわする人、ほんわか温かい熱量を感じる人、何も見たり感じたりしないけれど言葉として降りてくる人など、いろいろですが、どれも正解です。

見えない、聞こえないから、つながれていないのでは？と思う人がいらっしゃいますが、そんなことはありません。彼らは呼べば必ず来ますから、自分自身や神々を信頼してつながりましょう。

Q3　マスターが具体的なメッセージをくださることはありますか？

A　もちろんです。人によってサインやメッセージの受け取り方はさまざまです。ワークをしている最中に、降ろしてくれることもあれば、日常に戻ったときにふと降りてくるときもあります。

メッセージを受け取ったとき、最初は自問自答をしているように思うかもしれませんが、何度か繰り返しているうちに自分では思いもしない言葉が出てくるようになります。そうすると交流がとても楽しくなってくるでしょう。

また、神社などパワースポットに行ったら、その場所のエネルギーに触れながら、自分の天命にも触れてあげるような、そんな時間にするといいでしょう。

形式的なお参りだけでなく、拝殿の裏にある森をゆっくり散歩してみたり、狛犬《こまいぬ》さんなどの眷属《けんぞく》にご挨拶してみたり、思い思いに神様の空間で過ごしていただきたいのです。

パワースポットに行くこと、聖地とつながるということを、ただお宮参りに行く感覚にとどめてしまうのはもったいないです。聖地と自分の間のエネルギーが循環し、「自分自身もパワースポットである」ということを思い出す。すると、腹の底から元気になって、現実が好転したり、豊かな創造につながっていきやすくなります。

Q4　聖地や神々、光のマスターとの相性はあるのですか？

A　相性というよりは、いまのタイミングでご縁を強く感じる場所や、光のマスターができることがあるでしょう。ご縁を強く感じる場所やマスターとは何度もつながりたくなるものです。それはあなたが地球天国で果たすべき使命を開花させるために必要なプロセスなのです。

私はなぜ同じ聖地に何度も行くのですか？とよく質問を受けるのですが、数の多さよりも、私はご縁がある土地と光のマスターがいるからこそ何度も足を運んでいるという気持ちです。

たとえば、シャスタには、もう23年間ずっと行き続けています。私は古代レムリアにおいて、神官をしていた。それをシャスタにはじめて訪れたときに知りました。3年目のとき、古代レムリア崩壊のときに仲間とともに海に沈んで死んだというビジョンを受け取りました。その翌年、海に沈んで死んだはずの自分や仲間は、実は死んでいなかった。海底に「ドルフィンスターテンプル」という魔法学校の神殿があり、イルカたちによって救われていた。その宮殿には人間が陸上と同様に生きられる場所があり、その後も生きていたというビジョンを見ました。

「その後はどうなるの？」本の続きを読みたいような気持ちもあってシャスタに通っていたのです。

つまり、私において、シャスタは、自分が何者であるかということを思い出させてくれる場所だった。そういった場所は人それぞれにあるものです。

そういう意味で、いますぐに聖地に赴くことはできなくても、あなたが本を通して気になる聖地とつながっていると、実際にいつか導かれるように行くことになるのではないかと思います。

基本的に聖地やマスターはオープンマインドです。ウェルカムな姿勢であなたを待っています。地球天国で自分を思いっきり羽ばたかせたいと思うなら、この本でどんどんいろいろな聖地やマスターとつながってみてください。

Q5　聖地や神々とつながった後、体の反応はありますか？　現実ではどんな変化が起こりやすいですか？

A　パワースポットや光のマスターとつながると、あなたの体にバイブレーションが流れ、実際に癒されたり、元気が湧いてきたりするでしょう。その反応は、聖地やマスターの性質によって違います。それを十分に感じてください。

現実での変化の表れは、それこそ十人十色です。しかし聖地の周波数は非常に高波動です。その振動数に多く触れれば触れるほど、あなた自身にその波動が浸透して、日常においてあなた自身が発する周波数も高いものになっていきます。

あなたが発する周波数で、あなたの現実は創られていますから、夢が叶いやすくなったり、うれしい、ラッキーなことが起こりやすくなったり、ポジティブでいられる時間が多いなと感じるようになる人が多いです。

Chapter3

地球天国への入り口

アジア・オセアニアの聖地

日本 バリ トラリア

天命／健康／才能／浄化／豊かさ

三重県　伊勢神宮

目的：□自分の天命を生きる　□自然体のあなたを目覚めさせる
□調和の世界を創造する　□内側に隠れている才能・天才性を呼び覚ます
□免疫力アップ　□ネガティブな感情や思い込みの浄化
光のマスター：天照大御神《あまてらすおおみかみ》、月読尊命《つくよみのみこと》、猿田彦命《さるたひこのみこと》、豊受大神《とようけのおおかみ》、瀬織津姫《せおりつひめ》

伊勢神宮はご周知のように、日本を代表する神社です。日本における太陽神、天照大御神がお祀《まつ》りされている内宮《ないくう》と、五穀豊穣の神、豊受大神がお祀りされている外宮《げくう》の2か所のお社が代表的ですが、別宮摂社《べつぐうせっしゃ》・末社《まっしゃ》・所管社《しょかんしゃ》を合わせるとなんと125社にもなります。

これから地球天国を生きるためには、誰しもが自分自身が、八百万《やおよろず》の神の一柱《ひとはしら》として、自分のミッションを外に出すことも欠かせなくなってきます。伊勢神宮は、その宣誓をする場としてふさわしい場所です。

今回は、五十鈴川《いすずがわ》と瀧祭神《たきまつりのかみ》にはじまり、皇大神宮《こうたいじんぐう》（内宮）の正宮《しょうぐう》と荒祭宮《あらまつりのみや》を参拝してみましょう。

1. 自分の天命を生きるためのワーク

①五十鈴川と瀧祭宮で祓い清める。～ネガティブな感情や思い込みの浄化

内宮に参拝する前に身を清める場である五十鈴川、そのそばには、瀧祭大神《たきまつりのおおかみ》のお社である瀧祭宮があります。瀧祭大神は、五十鈴川の水源の神と言われており内宮内に祀られていますが外宮と同じ扱いを受ける特別な神様です。瀧祭大神は五十鈴川の川神であり天照大神に取り次ぐお役目をしていただけるので、内宮に参拝するときは、五十鈴川で手や口を清め瀧祭神にご挨拶しましょう。

その宮域には、瀧祭大神と、五十鈴川の精霊たちがやってきています。

「この地とご縁をいただき感謝します。

神聖なる私の名において、いま私のいるこの空間に、瀧祭大神、五十鈴川の精霊たちを招きます」

瀧祭宮

五十鈴川

あなたが持ち続けてきた「恐れ」「不安」「欠乏感」「焦燥感」といった負の感情を大浄化していただきます。たとえば、天命を生きる恐れ、自分に天命なんてないのでは？という不安、自分が好きな道を行くと家族を食べさせられないのではないか、というお金の心配など、周波数の低い感情を祓い、清めていただきます。

二拝二拍手一礼をして、こんなふうに伝えてみましょう。

「私は、天命を生かしていくために天照大御神にご報告に来ました。どうか私が、天命を生きることを邪魔してるものをお祓いください」

この宮域は浄化力がすばらしいので、たとえば、五十鈴川のほとりをイメージして瞑想したりして、不安や心配が溶けて流されていくようなすっきりした気分を味わってみると効果的です。また、本宮に向かう間に、地球の大浄化をサポートしてくださる瀬織津姫をお呼びして、不要なものをお祓いいただくようお願いするのもよいでしょう。

②皇大神宮（内宮）の正宮を参拝する。～天命に対するビジョンを受け取る

天照大御神の和御魂《にぎみたま（にきみたま）》をお祀りする正宮と、荒御魂《あらみたま》をお祀りする荒祭宮を参拝します。和御魂は神様の穏やかな平和的な面で、荒御魂は荒ぶる魂ですが、双方が揃ってひとつです。

伊勢神宮には宗教を超越した「みなひとつ」という象徴的な振動数があります。それを最も秘めているのが、この内宮です。その宮域は独特の「気」を感じさせる場所です。

正宮

神聖な正宮にいるイメージをします。心を鎮めたら、神様をお招きしましょう。

「この地とご縁をいただき感謝します。神聖なる私の名において、いま私のいるこの空間に、天照大御神を招きます」

二拝二拍手一礼をして、日頃の感謝を伝えるとともに、天命を生きることのご報告をします。こんなふうに伝えてみましょう。

「神様のお働きをもって私が生かされていることに感謝します。私はこれより天命を生きていきます。そのご報告に参りました」

天命がまだはっきりとわからない人は、以下のような言葉を付け加えてもいいでしょう。

「どうか速やかに私のわかりやすい方法で天命が発見できますように」

③次に荒祭宮を参拝する。～天命に対する行動力がつく

次に天照大御神の荒御魂が祀られている荒祭宮です。荒御魂は、天照大御神の男性的なエネルギーでぐいぐいと行動に移すサポートをお願いします。

「私は、教師として子どもたちが、自分らしく生きていくために導く天命を歩みます。どうぞサポートをお願いします」

具体的な天命やしたいことがわからないとしても、

「私は世界中の人に癒しのひと時を与えて、日々を前向きに過ごせるようなお手伝いをしていきます。私とともに共同創造をしてください」

荒祭宮

「私は自分の命をめいっぱい使って、人の役に立つ仕事をします。天命に目覚めて生きることに感謝いたします」

天照大御神が叶えてくれる、というスタンスではなくて私たちはともに神なのです。ですから、共同創造主としてこれからよろしくお願いします、という気持ちでお伝えするといいでしょう。

④光のマスターに感謝を伝える。

「きょうは自分の天命を生きるためのワークをありがとうございます。

このご縁に感謝します。これからもあなたと私は、共同創造主として働きをしていきます」

2．大調和ワーク　調和力&免疫力アップ&元気が湧く

この大変容のタイミングにおいては、誰もが地球天国を体験するというシナリオを歩んでいきます。ぜひ調和を司る私たち日本人の使命として、調和のパワーを惜しみなく開花させましょう。

タイミングは問いませんが、このアクティベーションのワークを一度はするようにしてほしいと思います。

前のワークで内宮を参拝する際に、プラスしてもいいですし、天照大御神をあなたのお部屋に招いてお伝えしてもかまいません。

もしくは、家の近所などで天照大御神をお祀りする神社にお参りした際、自分の命を守りながら、調和の役割を果たしていくという意味を込めた祈りを捧げましょう。こんなふうに伝えてみましょう。

「**私は自分という存在の命に感謝し、日本人のもつ大調和のDNAを今目覚めさせ、この世界の調和のために働きをさせていただきます。そのために私をお遣いください。ありがとうございます**」

この自分の命に感謝して、使っていただくということを祈ると、ハートが活性化されてポカポカ温まってきます。実際に、ハートがドキドキ、ワクワク、エネルギーの高まりを

感じる人もいるでしょう。

実際に、胸の真ん中にあるハートチャクラには免疫センターがあり、活性化して、免疫力アップ、すっきりと元気になる気が巡ってきます。

3. 道開きのワーク　猿田彦神社／猿田彦命

猿田彦命は天孫降臨《てんそんこうりん》の際に、天照大御神に遣わされた邇邇芸命《ににぎのみこと》を道案内した国津神《くにつかみ》と言われ、道開きの神として広く知られています。自分が決めた道を切り開いてくださる案内役の神様です。

猿田彦神社は伊勢内宮から徒歩圏内にあります。

①猿田彦神社を参拝する。

拝殿の前に立つイメージをしたら猿田彦命を招きましょう。

「この地とご縁をいただき感謝します。

神聖なる私の名において、いま私のいるこの空間に、猿田彦命を招きます」

猿田彦神社

②自分が進むと決めた道を報告します。

こんなふうにお伝えしてみましょう。

「私は、〇〇の選択をしました。自信を持って私のありのままの姿で自分を表現します！　ありがとうございます」

言葉がうまくまとまらなかったら、あらかじめノートにやりたいことを書き出して、猿田彦命に計画をお話しするようにしてもいいでしょう。

③光のマスターに感謝を伝える。

「きょうは道開きのワークをありがとうございます。

このご縁に感謝します。これからもあなたと私は、共同創造主として働きをしていきます」

4. 無限の豊かさを受け取るワーク　外宮／豊受大神

外宮の正宮には豊受大神の和御魂がお祀りされています。神名にある「ウケ」は食物のことで、食物・穀物を司る女神と言われています。豊受大神は内宮の天照大御神のお食事を司る御饌都神《みけつかみ》であり、衣食住、産業の守り神としても崇敬されています。いわば、ありとあらゆる豊かさの神でもあります。

豊受大神とご縁をつなぐことで「生き死に」や「生存本能」など深い部分からの欠乏や恐れを浄化し、無限の豊かさの意識が目覚めます。

そしてあなた自身こそが豊かさであり、誇りであることに目覚めていくことで自己愛、自己価値も高まっていくでしょう。

①外宮・正宮を参拝する。

拝殿に立つイメージをしたら、豊受大神をお招きしましょう。

「**この地とご縁をいただき感謝します。**
神聖なる私の名において、いま私のいるこの空間に、豊受御大神を招きます」

外宮正宮

②いま自分に命があり、生かされていることに感謝する。

「神様のお働きをもって私が生かされていることに感謝します。
私の内側は常に豊かさにあふれています。
地球の豊かさの創造のために私をお使いください」

こんなふうに伝えてみましょう。

必要なものはすべて生み出されていることに、あなたは気づいていないだけかもしれません。

不足にばかり目を向けて、「ない」と思っていた事実さえ自ら生み出していたものだと気づいていくことで、この世界が深い豊かさと愛にあふれていることに目覚めていくでしょう。

③光のマスターに感謝を伝える。

「きょうは自分の天命を生きるためのワークをありがとうございます。このご縁に感謝します。これからもあなたと私は、共同創造主として働きをしていきます」

これからの時代は、あなたのハートを全開にして「ほしいもの全取り！」が叶っていきますよ。

人間関係／スピリチュアル能力／ヒーリング

京都府　鞍馬山《くらまやま》

目的：□ハートからのコミュニケーションがとれる　□人間関係の好転
□心配や不安の解消　□潜在意識につながりやすくなる
□神氣によるヒーリング、癒し　□カルマフリーになる　□自分軸ができる
光のマスター：サナトクマラ

サナトクマラは、鞍馬山伝説では魔王尊《まおうそん》とも呼ばれ、金星から地球に１８５０万年前に地球に降臨してきたと言われています。京都の鞍馬寺には、サナトクマラが金星から乗ってきた乗り物と言われている形の石も置かれています。そして、宇宙エネルギーを地球の中心にまで降ろしてきた重要な役割を担っている場所であり、存在です。

地球にある、戦い、非難、否定、裏切り、嫉妬などの闇のエネルギーを一掃するために送られてきた存在であり、他の伝説では、サナトクマラは非常に古い魂で、地球の地下の光の都市であるシャンバラを作ったとも言われています。

鞍馬山は、5月の満月にウエサク祭が催されたいへん賑わいますが、それ以外のときも、常に金星の光のエネルギーが降ろされています。また、あまり知られていませんが、金星のほかに、プレアデスという惑星も関与しています。

なぜプレアデスかというと、金星のもつ神聖幾何学や愛の周波数を、地球上で具現化するために、プレアデスの光の天使たちも共同創造しているからです。金星の周波数は、主に5次元以上の周波数を保ち、言語化するならば「創造力」というべきものを担っていて、すべての惑星を進化させる役割があります。つまり、鞍馬山に行くということは、あなた自身が自分の神格を自覚して、この世界において神の本質を表現し、創造するようになるのです。

地球天国になるということは、簡単な言葉で言えば、互いの役に立つことをして、世界の経済も政治も回っていくという相互援助。そのためのパワーシフトが、いま起こっているのです。

神であるあなたの神格が目覚めて、その神格で事を成し遂げていく。それは、これまで日本の天皇家が引き受けてきたことでしたが、今後は日本の全国民が担うことになる。八百万の神という神格化した自分を実際に表すことで、日本という国が、一つの模範を示すような出来事が起こるだろうと言われています。今までの資本主義が機能しなくなり、あらゆる国が破綻していく、日本もその一つだといわれている中で、日本は神格を持っている者が集まっているからこそ、日本発信で全世界的に神格を目覚めさせていくようなムーブメントが始まっていくのです。

伊勢神宮とどう役割が違うのかといえば、ポイントは金星とつながりが強く、創造力の部分だといえます。鞍馬山には常に全宇宙の存在の祈り、意思が乗ってきます。その意思を一つにまとめて、世界平和であったり、調和をもたらしている中期点のような役割があります。そのための光の神殿が、古代からもたらされています。地球の進化から破壊的な行為まで、すべて見た上で、愛のまま存在し続け、地球の進化向上に何千年ものあいだ取り組んでくれているのです。

あなたが、鞍馬山のワークを通して、サナトクマラとつながることは、金星の周波数を取り込むことであり、あなたの人生の核となる命が、無限に創造を成し遂げていくようになります。どんどん形を生み出す、つまり豊かさの原型をあなたの中に見出すことができるようにもなります。

鞍馬寺広場

1．鞍馬山ワーク

①鞍馬山・奥ノ院の魔王殿を参拝する。

鞍馬寺には、最強パワースポットと呼ばれる「奥ノ院の魔王殿」があります。

魔王尊＝サナトクマラであり、この奥ノ院の魔王殿こそがサナトクマラを祀った場所です。本堂前広場にある大きな六芒星《ろくぼうせい》の形の床（金剛床）に立ち、サナトクマラを招きましょう。

「この地とご縁をいただき感謝します。神聖なる私の名において、いま私のいるこの空間に、サナトクマラを招きます」

②サナトクマラとのつながりを感じながら対話をする。

六芒星の中に座ってもかまいません。サ

奥ノ院

ナトクマラは金星の愛と美と神聖さの幾何学を私たちに与えてくれます。

いま自分が気になっていること、制限や縛りといった不要なものを取り払う、自分軸を保つ、人間関係を円滑にしたい、といったことがあればお伝えしましょう。ポイントとしては、サナトクマラが一切合切どうにかしてくれるわけではありませんから、あなたは共同創造主として、自分で過去と決別し、新たな扉を開く。それを後押ししていただくよう、こんなふうに伝えてみるとよいでしょう。

「私の中にある制限や縛りと決別します。本来の自分軸を取り戻すためにサポートをお願いいたします」

両手を広げると、宇宙とのつながりを感じることができます。自分が心地よさを感じるまで受け取りましょう。

③光のマスターに感謝を伝える。

「きょうは鞍馬山ワークをありがとうございます。

このご縁に感謝します。これからもあなたと私は、共同創造主として働きをしていきます」

2．サナトクマラの神氣ワーク

サナトクマラと鞍馬山ワークで一度はつながった後に行っていただきたいワークがあります。サナトクマラには、鞍馬山に降り立って、地球に伝えるべく霊気の創始者、臼井甕《みか》男《お》先生に伝授したという言い伝えが残されています。それがいまレイキヒーリングとして、世界中に伝わっているものです。

このタイミングで、サナトクマラは、「人類の進化と共に、神氣をあなたに注ぎます」と言ってくれています。それは、霊気を越えた、神の氣というものがこれから確立されていく。それを、いち早く受け取ってください、というのです。

サナトクマラは、あなたの手のひらに神氣を降ろすといっています。あらゆる文明の中に渦巻きの文様が残されていますが、渦巻きは「永遠の生命」を意味するシンボルです。このワークは、渦巻きのシンボルがあなたに降ろされ神氣が伝授されるというアクティベーションです。

神氣とあなたの生命エネルギーが融合すると、あなたはカルマフリーの状態が加速し、あなたという神の神格が、さらに目覚めていきます。あなたは愛の世界を広げるために、具体的な言葉や表現が生み出されていきます。神なるあなたは、すでに愛を自由に表現することを、あなた自身が許可することができるようになるでしょう。

また、このワークを行うと、あなたの手は神氣ハンドになって、神氣が出るようになります。レイキ伝授を受けている方はご存じかもしれませんが、レイキハンドを痛みのある場所にかざすと痛みが和らいだりしますね。そのような要領で、神氣ハンドも使ってみてください。場の浄化やペットを癒やしたりすることもできるでしょう。

自分のハートに手を当てれば、いつでもサナトクマラの神氣を受け取ることができ、ネガティブなエネルギーを解消することもできます。

①リラックスできる場所に座り、静かに目を閉じましょう。手のひらを上に向けて、太ももやテーブルの上に置きます。サナトクマラを招きましょう。

「神聖なる私の名において、いま私のいるこの空間に、サナトクマラを招きます」

②手のひらがむずむずしてきたり、温かくなったりするかもしれません。それをただ感じましょう。

手のひら以外の体の部位にも振動数を感じるかもしれませんが、それもただ感じてください。何も体に感じなくても、ちゃんと神氣はあなたに注がれています。

③呼吸が深くなってきたり、体が心地よいと感じられるようになったらおしまいです。感謝を伝えましょう。

「きょうは神氣ワークをありがとうございます。このご縁に感謝します。これからもあなたと私は、共同創造主として働きをしていきます」

愛あるコミュニケーションをとる

光のマスター、サナトクマラより、高次元へ移行途中の私たち人類に、日常における大切なメッセージが届きました。

私がサナトクマラに出逢ったのは、2001年にサウンド・チャネラーで『ハトホルの書』の著者であるトム・ケニオンを極秘で鞍馬山にお連れして、奥の院を訪れた時でした。それ以降、私自身の人生の光のマスターのメンターのひとりとして、迷いや疑いや不安や恐れというネガティブな思いや感情をクリアにして、明晰な意思決定を行うことをサポートしてくれています。

サナトクマラは人類のコミュニケーションや人間関係をサポートしてくれる存在でもあるのですが、なんと地球天国へ移行すると、私たちの言語を使ったコミュニケ―ションのスタイルが変わっていくというのです。

サナトクマラは、宇宙のさまざまなエネルギーを愛の周波数をもつ金星を通して届けていると前述しましたが、その中に、いよいよ人類が言語に変わる新しいコミュニケーションをするときが来ていること。言語も素晴らしいのですが言葉に頼らない、ハートから発信する電波で、コミュニケーションすることに近づいていくことが全宇宙の同意だと伝えています。

それは、テレパシーや以心伝心のようなものといったら、想像しやすいかもしれません。私たちはいままでも、愛を持った言葉や歓びや優しさをもって他者とコミュニケートしていくとその思いが相手に伝わることを知っていますが、これからは他の惑星の生命との異種間コミュニケーションもはじまります。そのステージを見据えたうえで、まずは言語の段階からハートからの喜びを持った言葉を放つ、表現することが大事になってきます。つまり、舌先三寸であるとか、他人の言葉を借りて発信するなど、思考優先で放たれた言葉はまったく響いてこないという現象が私たち人類の中に起こってくるのです。

いままでは喉のチャクラで、コミュニケーションをしていたけれど、よりハートチャクラから上がってきた言葉でコミュニケートすることが重視されていきます。

ハートからの電波というものが、相手にも伝わって、言う前に、「こんなこと思ってなかった？」「こんなことを感じるんだけど、どう思う？」というような、相手の思いや考えをキャッチしてすり合わせていくようなコミュニケーションが増えてきます。

実際に、言語よりも電波のほうが先に相手に伝わりますから、同じ思いを放ちあう者同士が、潜在意識で先につながって、実際に出会ったときには、計画を一から話すまでもなく話が進んだ、というようなことも起こりやすいのです。

この先には、古代レムリアを思い出すかのようにテレパシーが復活するというようなことも、実際に起こるでしょう。そうなると、人間関係の関わり方も変化すると想像できますね。とはいえ、コロナ禍を経験して、未来に対してまだ恐怖のバイブレーションを持っている人は、恐怖という眼鏡をかけて世の中をみているので、何かと怖いし、マイナスな反応をするかもしれません。そういう人がもしあなたの周りにいたとしても、愛を持って、「もう少し考えようね」というふうに、愛を持って接することが大事です。あなたの愛の発信は、相手の魂の最善の数に伝わります。愛ある反応をとっていくことを自分が選べば、コミュニケーションの振動道を、自分で開いていくことができます。

豊かさ／縁結び／自己実現

奈良県　大神神社《おおみわじんじゃ》

目的：□人生の主人公として生きる　□自己評価を高める
□あなたの情熱や可能性を呼び覚まし金運・縁結びにつなげる
光のマスター：大物主大神《おおものぬしのおおかみ》

奈良の大神神社は、日本最古の神社であり最強クラスのパワースポットのひとつです。この神社の大きな特徴は「本殿がない」こと。ご神体そのものが、大神神社の背後に広がる霊山・三輪山《みわやま》だからです。三輪山は国を開いた大物主大神という国造りの神様の御魂を留めたという霊山で、はるか昔から「神の宿る山」として崇められてきました。

私が大物主大神や後のページでご紹介する、伊弉諾尊《いざなぎのみこと》、伊弉冊尊《いざなみのみこと》、大国主命《おおくにぬしのみこと》とコンタクトしたところ、世界の新しい経済についてメッセージをいただきました。

地球天国では、これまでのような資本主義社会が崩れ、人々はお金にこれまでほど価値

大神神社

を置かなくなってきます。

地球天国における豊かさのメッセージとして、私は神々から「奉納」というキーワードを受け取っています。

地球天国への移行期は、最初のうちはシェアリングや物々交換のような形で、必要なときに、必要なものが、必要な人のところへ、というシステムが広がるようですが、それもある程度広がると貧富の差が起こるようになります。その段階を経て、人々は互いの価値を与え合うことで世の中が循環していくことに気づいていくようなのです。

現在の社会は、必要なものがあれば、その対価としてお金を払うことが一般的です。一方、地球天国は、たとえば、あなたは料理が得意で、お隣さんは裁縫が得意だとすると、あなたはお隣さんの分もお弁当をつくり、お隣さんはあなたの家のカーテンを

大神神社鳥居

縫ってくれる、というように、互いに自分が得意なことで価値を与え合うことで循環していくような社会です。そうなると、得意なことや好きなことをしているほうが社会貢献になり、あなたの貢献に対して、「あなたにはこれがふさわしいですよ」と、あなたに奉納したがる、与えたがる人が寄ってくるのです。

みんなが神として対等に、循環し続けていくような世界を、私たちは共同創造の中で、つくり上げていくのです。

すなわち、自分という命の価値を思い出させてくれる場所にコンタクトして、エネルギーチャージしておくことが、これからの時代、豊かさを引き寄せるために大事になってきます。その場所のひとつが、大神神社です。

さらに、次項の淡路島の伊弉諾《いざなぎ》神宮、次々項の島根の出雲大社、これら3つは、この変容のタイミングで新しい時代の豊かさを呼び込むパワーを開花させてくれる場所になります。

自分の命の価値を高めるワーク

①大神神社に参拝する。

神が宿る山のエネルギーをあなたにインストールします。

大物主大神を招きましょう。

「この地とご縁をいただき感謝します。

神聖なる私の名において、いま私のいるこの空間に、大物主大神を招きます」

②大物主大神とのつながりを感じながら、対話をする。

あなたの命の価値を高めることは、あなたが主役で生きるということ。環境や他人のせいにして本当に大切なあなた自身の人生を、犠牲者で終わらせないということです。

あなたが人生のストーリーや望み、幸せを叶えていく主人公、主役として生きる手助けをしてくださるよう、お伝えしてもいいでしょう。こんなふうに伝えてみましょう。

「私は地球天国で、人生の主導権を握り、自分の命に価値を与えていきます。サポートをよろしくお願いいたします。ありがとうございます」

③光のマスターに感謝を伝える。

「きょうは豊かさを創造するワークをありがとうございます。

このご縁に感謝します。これからもあなたと私は、共同創造主として働きをしていきます」

豊かさ／可能性／自己実現

淡路島 伊弉諾《いざなぎ》神宮

目的：□神次元の自分に出会う □無限の可能性と豊かさの創造主となる □女性性と男性性の統合

光のマスター：伊弉諾尊《いざなぎのみこと》、伊弉冊尊《いざなみのみこと》

瀬戸内海に浮かぶ淡路島は、古事記の国生み神話のはじまりの地です。伊弉諾《いざなぎ》神宮は国生み神話の主神、伊弉諾が祀られている場所として知られ、日本の名だたる神社、出雲大社、諏訪大社、高千穂神社、熊野大社を貫くレイライン＊の中心に祀られています。私は、そのレイラインを「豊かさの龍脈《りゅうみゃく》」ととらえています。

＊レイライン　太古の遺跡が直線状に並ぶように配置されたことを指し、夏至と冬至の日の出、日の入りにおいて、太陽の光が一直線に進む通り道になることから「ご来光の道」とも言われます。

伊弉諾神宮

古事記・日本書紀によれば、伊弉諾尊《いざなぎのみこと》と伊弉冊尊《いざなみのみこと》は天の浮橋にお立ちになり、天の沼矛を持って海原をかき回し、その矛より滴る潮が自ずと凝り固まって島となった。これが自凝島《おのころとう》と呼ばれ、国生み神話の一番最初に生まれた島と言われています。

この聖地からは、男性神：伊弉諾尊と女性神：伊弉冊尊両神のサポートとともに覚醒した女性性、男性性を統合し、あなたが地球天国で、豊かさの創造主となるエネルギーを受け取りましょう。

淡路島は国生み神話の聖地であり、島には七福神が祀られています。島の形が「宝船」に似ていることから淡路島自体が宝船とも言われています。

淡路島は新しきものを生み出すエネルギーとともに、無限の豊かさを運ぶエネルギーで満たされているのです。

①伊弉諾神宮に参拝する。

あなたの内側にある宝船、無限の豊かさを運ぶエネルギーを宇宙へつなげます。伊弉諾尊、伊弉冊尊を招きましょう。

「この地とご縁をいただき感謝します。神聖なる私の名において、いま私のいるこの空間に、伊弉諾尊、伊弉冊尊を招きます」

②伊弉諾尊、伊弉冊尊とのつながりを感じ、対話をする。

あなたの内側の豊かさが地球天国で、現実の無限の豊かさや可能性を運んでいく「宇宙の豊かさの回路」が開かれていくよう、そのサポートをお願いしてもいいでしょう。

「私は新しきものを創造し、無限の豊かさをこの宇宙に与え、受け取ります。サポートをお願いいたします。ありがとうございます」

③光のマスターに感謝を伝える。

「きょうは豊かさを創造するワークをありがとうございます。このご縁に感謝します。これからもあなた達と私は、共同創造主として働きをしていきます」

豊かさ／縁結び／具現化

島根県　出雲大社

目的：□地球天国づくりへの貢献を誓い、すべての人、神々と縁を結ぶ
□豊かさの創造　□具現化の力が高まる
光のマスター：大国主命《おおくにぬしのみこと》

出雲という地は、神々が集う場であり、縁結びの神社として名高い出雲大社や、そこにお祀りされている神々にパワフルな恩恵を頂きながら、神々とつながり地球天国であらたなご縁を結ぶためのエネルギーに満ちています。

出雲大社のご祭神である大国主命は、「**これからの国造りとは、日本国だけをさすのではなく、地球全体をひとつとさす**」と伝えてきています。

つまり、これからは、国がどうこうではないということ。あなたは日本人であり、地球人である。地球天国づくりに貢献していくよう意識をシフトしていくことが大事になって

出雲大社

くるのです。神々も地球天国の共同創造主として、そういった意識でおられます。実際に出雲大社を通して、国づくりの神々は、地球天国づくりの神々としてエネルギーをパワーアップさせているのです。

地球天国というのは本当の意味でボーダーレスな世界です。そういった世界であなたが働きをしていくならば、大国主命に対して、**「この地球人類が、真の神格に目覚め、八百万《やおよろず》の神化することを、どうか手助けしてください。そして私は地球の共同創造主として、貢献します」**という言葉を伝えましょう。

中には、海外にあまり興味がなく、地球全体といわれても「はて?」となっている方もいるかもしれません。そういう場合は、あなた自身がどんな地球天国を創りたいか、自分という神様をどんな国に住まわせたいか、と考えてみてください。

そうやって、具体的に地球天国をイメージし、自分の神の国をつくるということにコミットしてみる。すると、そもそも大国主命は縁結びの神として知られていますね。それは人とのご縁だけに限らず、豊かさから健康から何から何まで結びつけ具現化していくエネルギーですから、惜しみなく協力してくれるでしょう。

豊かな国づくりのワーク

①出雲大社に参拝する。

あなたの内側の「つながる力」を呼び覚まし、具現化に導きます。大国主命を招きましょう。

「この地とご縁をいただき感謝します。

神聖なる私の名において、いま私のいるこの空間に、大国主命を招きます」

②大国主命とのつながりを感じ、対話をする。

あなたの神の国を創るイメージをしてみましょう。自分の地球天国の振動数を温め、高めることができます。

いまの段階で考えられることでかまいません。

あなたの中で地球天国はどういうところでしょうか。

そして、どのレベルまで自分は才能を開き、貢献したいか。大国主命にそのサポートをお願いしてみましょう。こんなふうに伝えてみましょう。

「私はより豊かな人生を創造すると決めました。その豊かさとは、自分も周りの人も、世界の人も、日々笑顔で過ごすことです。そのために、私は愛とワクワクをもって物事に関わっていきます。どうぞご縁をおつなぎください。ありがとうございます」

③光のマスターに感謝を伝えましょう。

「きょうは豊かな国づくりのワークをありがとうございます。

このご縁に感謝します。これからもあなた達と私は、共同創造主として働きをしていきます」

豊かさ／クリエイティビティ／芸術性

奈良県　天河大辨財天社《てんかわだいべんざいてんしゃ》

目的：□クリエイティビティの開花　□才能が財となる　□芸術性の目覚め

光のマスター：日輪大弁財天、天宇受売命《あめのうずめのみこと》

奈良の吉野の森の奥深くにある天河大辨財天社は、もともと神社仏閣という役割以上のものをもつ、かなりの宇宙エネルギーが注がれている場所です。

日本の大龍脈、レイライン上に位置し、「ヒノモト（日本）」の始まりの場所であり、地球天国を創造していく人々が行くことで、ガイア（地球）エネルギーはもちろんのこと、多次元の多様な星の情報が降ろされています。

そもそもこの神社の境内には、さまざまなパワースポットがあるのですが、まず海抜1000メートルという山奥に位置し、人間が体内にいる時と同じ「気」に満ちている特別な場所なのです。それは、ゼロ磁場とも呼ばれます。

ゼロ磁場とは、磁気を帯びた二つの大きな力が向かい合い同じ強さでぶつかったとき、互いにエネルギーを打ち消しあって本来できるはずの磁場が発生する、見かけ上、ゼロになっている場所のこと。つまりここではN極S極がなくなり、コンパスは方向を示しません。ゼロ磁場はプラスマイナスの消失した不思議な場所なのです。しかし、大きな力がせめぎあって拮抗しているから、「ゼロ」と呼べども陰と陽のエネルギーが完全に充満し、中和している状態でもあります。そこには、その先に生まれる新たな次元への扉があります。この地のエネルギーを活性化することで、創造のプロセスがはじまり、ゼロから新しいものを創造する力を授かることができるのです。

土地のもつ創造の源と呼ぶべきエネルギーに呼応するように、光のマスターである神々のお働きも凄まじいものがあります。

日輪大弁財天は、この神社の創建に関わった天武天皇と役行者《えんのぎょうじゃ》により、伊勢神宮内宮に祀られている女神を「天の安河の日輪弁財天」として祀りました。弁財天は通常水の女神として描かれますが、日輪大弁財天は、言うならば命になくてはならない光と水の女神です。

紀伊山地の暗い鬱蒼とした森の間から昇る太陽の光は、万物を照らし、育みます。また、

天河大辨財天社

日輪大弁財天のきらびやかさや鮮やかさは、芸の神様として「芸が財を成す」財宝の女神としても知られています。

天河大辨財天に古来より伝わる神器の五十鈴《いすず》は、天照大御神が天岩屋戸にこもられたとき、天宇受売命《あめのうずめのみこと》が、ちまきの矛（神代鈴をつけた矛）をもって、熱狂的な踊りを披露したことから日本の芸能のルーツとされる女神です。日本書紀には「巧みに俳《わざ》優《おぎ》をなし」と記されています。天岩戸の前に集まった大勢の神々の前で捨てた空桶の上に立ち、激しく桶を踏み鳴らし、しだいにヴォルテージを上げ、やがて胸をはだけ、腰紐を解き踊りました。

このように、天河大辨財天は、人類のクリエイティビティやアーティスト性の活性化に深く寄与しているのです。

これまでも天河大辮財天は、芸能人やミュージシャンが頻繁に参拝することで知られていましたが、地球天国では、誰もがアーティストになるのですね。

クリエイティビティと一言でいっても、芸術的な創造だけではありません。会社経営、教育、営業、販売……どのような仕事においてもクリエイティビティ、創造力が必要になってきます。

自分はクリエイティブじゃないと思っている人がいるかもしれませんが、どんな人も魂のブループリントの中に創造性の才覚を備えています。

天河大辮財天、そして日輪大弁財天、天宇受売命とつながることで、さまざまな惑星からの英知を浴び、あなたの隠された才能に光をあて、大輪の花を咲かせましょう。

1. 隠された才能を開花するワーク

①天河大辮財天社に参拝する。

天河大辮財天社にはさまざまな惑星からのエネルギーが、あなたに向けて降り注いでいます。あなたが自分を解放して才能を開くときです。日輪大弁財天、天宇受売命を招きましょう。

「この地とご縁をいただき感謝します。神聖なる私の名において、いま私のいるこの空間に、日輪大弁財天、天宇受売命を招きます」

②日輪大弁財天、天宇受売命とのつながりを感じ、対話する。

日輪大弁財天からは「隠された才能を開花し、財とする」エネルギー、天宇受売命からは「あなたの隠された才能に光をあてる」エネルギーを受け取ることができます。

こんなふうに伝えてみましょう。

「私は自分の内側に眠る才能を開くと決めました。その才能を他者、地球、宇宙との共同創造に役立てます。サポートをお願いいたします。ありがとうございます」

女神とあなた、そしてゼロ磁場が共鳴し、

ひとつになることで、あなたは安心して自分の才能を世界にアピールしていけるようになります。瞑想をするなどして、女神たちとの交流を楽しんでみると、気分が明るくなったり、興味が湧いてくるものがあるかもしれません。

③光のマスターに感謝を伝える。

「きょうは隠された才能を開花するワークをありがとうございます。

このご縁に感謝します。これからもあなた達と私は、共同創造主として働きをしていきます」

自己愛／受容力／リセット

沖縄県 久米島《くめじま》 はての浜

目的：□愛の周波数とつながり、自分のすべてを受け入れる　□受けとることのキャパシティを広げる　□二元から一元へのスムーズな移行　□原点に戻る　□リセットする

光のマスター：古代レムリア時代の9人の女神

地球天国の振動数を肌で感じてみたいと思いませんか？　実は沖縄の久米島にあるのです。私が、最近よく訪ねているところで、久米島のはての浜というところがあります。そこは、まさに女神ガイアの胸に抱かれているかのような「Back to nature」というべき、本当の意味での素の自分、魂の自分を思い出せるような場所なのです。

はての浜には、古代レムリア時代とアトランティス時代が統合された周波数が残っています。私はその周波数から、統合されるからこそ、二元の世界を離脱して一元に戻ることを体感したのです。

それは、新型コロナというパンデミックやさまざまな問題を越えて、人類が自分の中の分離から解放されて、愛で一つになっていくプロセスに必要な統合のエネルギーの磁場がある。そんなふうに私は受け止めました。

はての浜には、古代レムリア時代の9人の女神たちがいます。その名のすべては明かされていないのですが、自分の中に分離感がまだ残っているのなら、自分の中の愛の世界をもっともっと広げていくことに協力してくれます。

はての浜は、地球が見せてくれるただただ美しいアトランティスブルーの海と白い砂浜がある。ほかには何もないところです。

ただそこにいるだけで、自分が自分であることを全部受け入れられるようになる。簡単にいうと、受容力が高まるのです。

受容力が高まると、あらゆるものを自分が受け取れることができるようになります。それが、財力であったり、人とのご縁であったり、健康であったり。そして、自分の才能というものも受け取れる。正確には、引き出せるようになるのです。

自分の器が広がっていくので、「私は何もできない」「何一つ得意なこともない」「役に立たない」というような、無価値観を手放してもいけます。自然に内側にある素の自分を表現できるようになって、いつどこで誰と接していても自分らしくいられるようになる。い

まの自分でOKなんだ、やっていけるんだと思えるようになるでしょう。

自分がただ存在する。それがどれだけ尊いことであるか気づく人もいるでしょう。「自分がこの宇宙に存在している」というところから外れることがなく、自分軸ができ、自分が神であるというエッセンスを全身で感じることができる場所です。

このワークは、素に戻り、ありのままの自分で生きることができるようにエネルギーチャージするものですが、もうひとつ使い方があります。

私たちは、これから地球天国へシフトしていきます。それは、すべてにおいて最善の方向に進んでいくものですが、再び、進化のプロセスで起こる欲望によって、分離のパターンにアクセスし、支配者を生み出す可能性もゼロではありません。私たちは地球天国という周波数に乗って生きていきますが、あちこちにそういったエアポケットが魔が差すように現れる。そうなったとき、一度リセットして、自分という原点に戻ることができるワークでもあります。

自分のすべての可能性を受け取るワーク

①はての浜のビーチや海で自由に過ごす。

あなたの目の前には、ガイアの恵みである碧い海と白い砂浜、広大な空がどこまでも続きます。心地よいそよ風が肌を撫でていきます。外に意識を向けるものは、それだけです。海に入っていくと、太陽の光のプリズムをまとった波がはじけて追ってきます。しばらく、その静かで豊かな景色と一体化してみましょう。思い思いにその場のエネルギーを感じたら、女神を招きましょう。

「この地とご縁をいただき感謝します。神聖なる私の名において、いま私のいるこの空間に、古代レムリアの9人の女神を招きます」

②古代レムリアの9人の女神とのつながりを感じ、対話をする。

はての浜にある統合されたエネルギーや、女神たちがそばにいることを感じてください。完全に素に戻るということ、素の自分を表現することが怖くなくなるでしょう。

「私は、自分のまだ知らない器を広げ、無限の可能性を受け取ると決めました。どうぞサポートしてください。ありがとうございます」

こんなふうに伝えると、無から有を生み出す意識へとシフトし、「よし、やっていくぞ！」と自分の波動を高めて、内側から震えるような高揚感を感じるかもしれません。反対に、すべて統合されてうまくやっていけるんだ、という安心感を強く感じる人もいるでしょう。

また、美しい地球、ガイアの恵みに対して、感謝の気持ちがとめどなく溢れてくる人もいるでしょう。そういった気持ちを思い出させてくれたことを素直にガイアに伝えてみましょう。

③光のマスターに感謝を伝える。

「きょうは自分のすべての可能性を受け取るワークをありがとうございます。このご縁に感謝します。これからもあなた達と私は、共同創造主として働きをしていきます」

グラウンディング／健康／バイタリティ／浄化

インドネシア バリ島 ティルタエンプル、バトゥール山とバトゥール湖

目的：□ディープグラウンディングを通して、自分軸を確立
□地球と完全に調和し、安心を得る　□生きる力や、生きる喜びを感じる
□健康体になる
光のマスター：自然界の精霊たち、デビ・ダヌール

バリ島には、いくつものパワースポットがあります。そもそもバリ島自体、女神ガイアの歓喜と祝福のバイブレーションに満ちた自然界の精霊たちのパラダイスです。ですから、本来はバリのどこをイメージしても地球という大地の振動数を受けることができますが、このタイミングで私たち人類に特に必要とされる聖地を3か所ご紹介したいと思います。

ティルタエンプル

聖なる泉が湧く**ティルタエンプル**。そして、キンタマーニ高原にある**バトゥール湖**と**バトゥール山**です。

ティルタエンプルは、バリで最も古い灌漑システムを守り続け世界遺産に登録されたパクリサン河川流域にある寺院で、バリヒンズー教の聖地です。ここで身体を清めると病が治るといわれ、地元の人々が沐浴場として訪れ大切にされている大浄化のパワースポットです。

バトゥール湖とバトゥール山は、バリ島屈指の景勝地として知られていますが、バリヒンズー教では「天国への入り口」と考えられ、天国に一番近い神聖な場所として信仰されています。13か所ある地球のポータルチャクラの中の第1チャクラでもある強力な振動数を持っています。

この3つの聖地を通して、いま、私たちに必要なこと。それは、地球天国を実現していくために欠かせない**グラウンディング**です。

地球の13チャクラの第1チャクラは、人間の13チャクラのシステムの中では、オーラの足元の先端に位置しています。その役割は、地球の生命エネルギーをダイレクトに受け取って、グラウンディングさせてくれることなのです。すべての地球のチャクラであるエネルギーセンターを完全につなげて、物質レベルの進化を図る役割を果たします。ディープグラウンディングともいうべきもので、全人類や神々と共同創造して、調和を築く軸になる部分です。

地球天国という現実は、この地球に創られます。

あなたの夢を超現実化する場所はほかのどの星でもなく、この地球なのです。

スピリチュアルなものが好きだと、地球以外の星や宇宙につい思いを馳せて、どこか意識が「今ここ」にいられないと思ったことはありませんか？　本来はスピリチュアルな能力と現実創造は比例していくものです。もし現実生活に不満があったり、夢がなかなか実現しない、行動ができない、ということがあるとしたら、グラウンディングが弱く、地球での生活を完全に受け入れられていない可能性が大きいのです。

今世だけではなく転生を繰り返す中で、地球において恐れや悲しみ、不信感などをあなたの魂の奥深くが抱えたままになっているのかもしれません。

地球天国へ舵を切った私たちは、そういった不要な感情を癒しきって、一度クリーンに

バトゥール山とバトゥール湖

する必要があります。

ティルタエンプルには、女神ガイアの贈り物としてパワフルな水の精霊たちがたくさんいて、水の力であなたの不要なものを一切合切洗い流してくれます。

女神ガイアは地球すべての女神ですから、もちろんどこでも存在しているわけですが、バリの自然界の精霊は、ガイアの信頼が厚く、愛されていてそのパワーも絶大なのです。

ティルタエンプルで心・体・魂を浄化したら、バトゥール山とバトゥール湖に行き、運命共同体となった地球の大地と深くつながるグラウンディングをしましょう。

バトゥール山は活火山で、火のエネルギーを絶やすことのない聖地です。ヒンズー教の主神の一柱シヴァ神の恩恵を受け取れます。シヴァ神は、破壊の神様として知られていますが、古い囚われや制限を超越して、創造や情熱の炎で新しいステージへとあなたをシフトしてくれます。

バトゥール湖は、バトゥール山の噴火によってできた湖です。この湖には、私が出会った非常に美しい水の女神、デビ・ダヌールが存在しています。この女神は、水の女神ですべての泉や湖や川の母神だと信じられているほどパワフルです。

あなたがこの地でグラウンディングすることで、大地と深くつながると、想いは地球のすべての大地の女神が、その想いを聞き入れてくれるでしょう。そして、水の女神が、その想いを世界中に広め、あなたの想いはスムーズに叶えられるでしょう。

1. 浄化のワーク

①ティルタエンプルの聖水で不要なものを浄化する。

このワークでは、ティルタエンプルの水の精霊の振動数を借りて、エネルギーによる浄化の儀式を行います。実際に、ティルタエンプルに行った際は、正式な沐浴のマナーに従ってください。

膝をついて座り、おでこの前に手をあわせます。

あなたの目の前には、ふんだんに透き通った湧き水の噴水があり、滝のように流れています。水に入る心の準備ができたら、水の精霊たちを招きましょう。

「この地とご縁をいただき感謝します。神聖なる私の名において、いま私のいるこの空間に、水の精霊たちを招きます」

②水の精霊たちとのつながりを感じながら、対話する。

自分の思い癖や、思い込みのパターンはありませんか？中でも、人と比較して、自分は「才能がない」「お金がない」「パートナーがいない」「家がない」など、「ないもの」に目を向けがちなとき、心に不足感を抱えがちな人は、そこを具体的に伝えて清めていただきましょう。不要なものをリセットせずに次のワークに進むと、その状態がグラウンディングされてしまう恐れがあります。気をつけましょう。

「私の中にある不足感、嫉妬や猜疑心、自己否定といった穢れを清めてください。まっさらな状態に戻り、真の自分の力を発揮して地球天国に貢献します。どうぞサポートしてください。ありがとうございます」

　こんなふうに水の精霊たちに思いを伝えたら、清らかな聖水を頭から浴びます。時間の長さは自由。自分がすっきりとするまで浴びましょう（イメージしにくい人は、家のシャワーでやってみると臨場感がありますよ）。

③光のマスターに感謝を伝える。

「浄化のワークをありがとうございます。このご縁に感謝します。これからもあなた達と私は、共同創造主として働きをしていきます」

2. グラウンディングのワーク

①バトゥール山とバトゥール湖でグラウンディングをする。

バトゥール山は標高1717メートルの山で、頂上は日の出が拝めたり、眼下に三日月形のバトゥール湖が広がる景色は絶景です。

バトゥール山の頂上にいるイメージで、山の精霊を招きましょう。

「この地とご縁をいただき感謝します。神聖なる私の名において、いま私のいるこの空間に、山の精霊たちを招きます」

②バトゥール山の精霊たちとつながりを感じながら、対話する。

グラウンディングは、意識が常に自分の肉体にいることを促してくれるものです。意識が肉体にあり地に足をつけた状態でいられると、常に「いまここ」にいられるようになります。私たちは、「いまここ」にいるからこそ、地球天国で現実創造が可能になるのです。

具体的には、自分の足が地球のセンターに向かってどんどん伸びていくイメージをします。バトゥール山の頂上から何層にも重なる地層の中をあなたの足が伸びていく。そうイメージをすることで、実際に自分の体のいちばん近くにあるエネルギー体、エーテル体の足が伸びていきます。

地球の中心には、スタークリスタルという素晴らしい地球の生命エネルギーが存在しています。それは、完全に5次元シフトした地球の振動数をもっています。そこにつながることで、「いまここ」で地球天国を創造していくことにコミットできるのです。

「私は地に足をつけ、〝いまここ〟にコミットし、自分のこの命を100％生かすことに決めました。サポートをお願いいたします。ありがとうございます」

このような言葉で精霊たちに協力をお願いしてもいいでしょう。言葉をかけないとしても、地球のセンターにつながるイメージをすることによって、すべてのチャクラは活性化します。体が熱くなったり、元気が湧いてきたり、気持ちがぐっと落ち着く感覚を覚える人もいるでしょう。

③バトゥール湖の水の女神デビ・ダヌールを招く。

次は、バトゥール山の頂上からバトゥール湖に向かって、もしくは、バトゥール湖のほとりに立つイメージをします。バトゥール湖は、無条件の愛に満ちた、デビ・ダヌールの優しいエネルギーがあふれる場所。それは聖母マリアや観音様に似たエネルギーです。女神デビ・ダヌールを招きましょう。

「この地とご縁をいただき感謝します。神聖なる私の名において、いま私のいるこの空間に、女神デビ・ダヌールを招きます」

④女神デビ・ダヌールとのつながりを感じる。

女神をお招きしたら、ありのままの自分、裸の自分のままで、ただ懐に入れてもらうような気持ちで、そのエネルギーに身を委ねてみてください。優しい子守歌が聞こえるようなイメージです。このイメージで、女神のエネルギーを活性化することで一連の完全なグラウンディングが完成します。

清めた自分で行くことによって、自分自身の純粋な、無条件に愛されて生まれてきたときの、無垢な自分のエネルギーに戻してくれます。まるで生まれ変わったような気分になる人もいるでしょう。

⑤光のマスターに感謝を伝える。

「グラウンディングのワークをありがとうございます。

このご縁に感謝します。これからもあなた達と私は、共同創造主として働きをしていきます」

ハイアーセルフ／情報の引き寄せ／自己実現

インド ブッダガヤ

目的：□ハイアーセルフとのつながりを強化する
□神々の一員であることに完全に目覚める
□自分に必要な情報だけを受け取る　□苦労性を手放す
光のマスター：ブッダ

これから地球はさらなる情報化社会になってきます。インターネットの発達は目覚ましく、ＡＩもどんどん暮らしの中に溶け込んでくるようになる。もちろん、他の惑星からもさまざまな情報がもたらされてきます。そうなると、自分にとって価値のある情報、必要な情報をちゃんとキャッチすることが、どんな人にとってもとても大事になってくるのです。

そのためには、自分がハイアーセルフとつながっていることが不可欠です。ハイアーセルフとつながることによって、自分にいま必要な情報、そして何が自分にとって真実であり、必要であるかがわかります。もちろん、自分のハイアーセルフですから、どこにいてもつながることができますが、いまのタイミングで、地球のパワースポットの中で「最もハイアーセルフにつながりやすい場所」を光のマスターたちに尋ねたところ、インドの聖地、ブッダガヤとメッセージをくれました。

ブッダガヤは言わずと知れた、ブッダが悟りを開いた仏教徒にとって最も重要な聖地です。

ブッダは、北インドで生まれ、小さな国の王子、ガウタマ・シッダールタとして何不自由ない暮らしをしていました。妻も跡取りとなる息子もいました。

しかし、なぜ、私たちは苦しむのか。どうしたら、苦しみから解放されて生きることができるのか。その答えを探し求めたひとりの人間でした。

約2500年前、人生の苦悩を痛感したシッダールタ王子が解脱の道を求めて、厳しい苦行のもと、菩提樹の下で瞑想に入り、明け方に悟りを開きました。

その菩提樹には、ブッダが座した場所を示す石の台、金剛宝座が置かれています。そばには、ブッタが修行したマハボディ寺院。沐浴した蓮池があります。

なぜブッダガヤという土地のエネルギーが必要なのか。それは、地球天国が、一人ひとりが、肉体を持ちながらも神の一員であることに完全に目覚めて生きるところだからです。

購入者限定プレゼント

穴口恵子の公式LINE
『Heal the World』に
アクセスして、
特典を手に入れましょう！

世界最大の聖地と繋がって、地球天国の創造主として、自分らしく自由に唯一無二の才能を開いて、豊かに生きる！

購入者限定プレゼント

宇宙のアカシック・レコードに繋がって
多次元的な自分の才能を開く

エジプトのスフィンクスの
「聖地の瞑想音源」

無料プレゼントの入手方法

QRコードから
穴口恵子公式LINE@
に登録ください。

・お問い合わせ：株式会社ダイナビジョン　・E-mail：mail@dynavisioncs.co.jp

あなたが覚醒していることが大事なのですね。

「覚醒する」「神であることを悟る」という意味において、ブッダガヤはやはり、特別なパワースポットです。「ここ」に存在しているあなたが目覚めるということを体感するような場所になっています。どのように目覚めるかといえば、ブッダガヤの振動数とつながることで、多次元のハイアーセルフと統合できるのです。

光のマスター、ブッダからのメッセージをぜひ伝えておきたいと思います。

「あなたがたは、私が通った難行苦行の修行を通しての悟りを開く必要はありません。その菩提樹には新たにあなたがたの地球の進化とともに、宇宙からの大いなるオーム（宇宙の中心）のエネルギーが注がれ

ている。

いまあなたがそのエネルギーとつながることで、神聖な宇宙の中心となり、すべては一つとなり、光となるように、すみやかに目覚めるでしょう。

あなたが修行しなければ目覚めないというようなことはもうない。その次元からは解き放たれたのです」

もしあなたの中に、「もっとがんばらないと幸せになれない」「もっと修行しなければ一人前じゃない」というような考えがあるとしたら、もうその必要はない、ということです。

新型コロナ感染症の蔓延も、見方によっては、修行のように思います。会いたい人に会えなかったり、旅に出たくても出られなかったり。でも、私たち人類は、オンラインで相手の顔を見てお話ができますし、自分のエネルギーや想像力で世界中のパワースポットにも行ける。その時その時の状況に合わせて工夫して楽しむスキルがあることもわかりました。

地球天国は、我慢や修行、苦しさや努力を重ねて、難題を乗り越えるという次元ではすでにありません。飛び級するかのように軽やかに楽しく、好きなことを極めていく。そういった周波数のほうが馴染む世界です。それは、あなたとハイアーセルフが完全に融合した状態でこそ可能です。

ハイアーセルフと統合するワーク

①ブッダガヤの菩提樹にお参りする。

大きく枝葉を広げる菩提樹の下に座るイメージをします。

心を静かにして、ブッダを招きましょう。

「この地とご縁をいただき感謝します。

神聖なる私の名において、いま私のいるこの空間に、ブッダを招きます」

②ブッダとのつながりを感じながら、対話をする。

「私は、自分のハイアーセルフと統合し、地球天国にてさらに進化します。

サポートをお願いいたします。ありがとうございます」

このような文章でブッダに思いを告げてみましょう。

しばらく目を閉じて瞑想します。ブッダが宇宙原理（ブラフマン）を表すオームのエネルギーを注いでくれます。人によって感じ方は違いますが、心や体が解き放たれたような、自由になったようなラクな気持ちになる人もいるかもしれません。身体感覚がなくても、ちゃんとブッダとつながっていますので安心してください。

しばらく瞑想していると、多次元の光のハイアーセルフが降りてきます。主に4次元、5

次元、6次元のハイアーセルフです。そして、あなたの肉体に完全に収まっていきます。心を静めて、ただ深い呼吸をしていて、光のハイアーセルフが、あなたの肉体に収まって融合するのを感じてください。ゆったり鼻から息を吸って、口から吐きながら待ちます。しばらくそうやって、ハイアーセルフと肉体で融合した感覚を十分に味わうことが大切です。

③ハイアーセルフに挨拶をする。

ハイアーセルフと肉体で融合した感覚を味わったら、自分の体に入ったハイアーセルフに挨拶をしましょう。

「こんにちは。私の肉体に完全に入って、融合してくれてありがとう」

そして、

「このままずっと、私と肉体で一つになってください」

このように、ハイアーセルフがあなたにとって、一番の親友だと思って依頼をしておきましょう。

④光のマスターに感謝を伝える。

「ハイアーセルフと統合するワークをありがとうございます。
このご縁に感謝します。これからもあなた達と私は、共同創造主として働きをしていきます」

日常でもハイアーセルフと対話をしましょう

ハイアーセルフと完全に融合したら、日常でも対話を頻繁に続けてみましょう。ハイアーセルフに意識を向けて、「これはどう思う？」「〇〇をやりたいと思っているのだけど」などと質問や相談をすると、ハイアーセルフから「そのために、何が私に必要ですか」と返事がきたり、アイディアやひらめき、サインを降ろしてくれるようになります。

私はクライアントさんに、ハイアーセルフとつながるための遠隔のアチューメント（伝授）を行うことがありますが、その翌日に、「新聞社から取材依頼がきた」「講演をすることになった」といった報告をいただくことがよくあります。ハイアーセルフとつながると、そんなふうに、おのずとその人がもっている天命に導かれていくことも多いのです。

ハイアーセルフは、あなたに１００パーセント必要な情報を知っている存在です。つまり、あなたが完全に融合したならば、常に自分は真実の目を持っているということ。

そうなれば、あらゆる人がいろいろな情報をあなたの元に持ってきたとしても、本当に必要なものを識別できるようになります。

誰と組んで新しいことをするか、次は何を学ぶか、いつアクションを起こすか、私たちの日常は常に選択に溢れていますが、決めかねて悩むことに時間を費やすこともなくなるでしょう。

決まらないというときは、決めなくていいとき、という感覚もわかるようになるでしょう。地球天国では、いま必要なところに十分にエネルギーを注ぎ、無駄なことはしない。私たちのエネルギーも省エネ化されていくのです。

グラウンディング／具現化

オーストラリア　ウルル

目的：□物事の物質化、具現化　□グラウンディング
□すべての存在と調和をはかり、必要なご縁がもたらされる
光のマスター：自然界の精霊、虹の光の同胞団

ウルルは世界の中心・地球のへそという意味を持ち、オーストラリアの先住民のアボリジニが神聖な土地としてとても大切にしてきた聖地です。

エアーズロックとも呼ばれる一枚岩をご存じの方も多いと思います。

数年前、私がこの地に呼ばれたとき、大きな発見がありました。女神ヴィーナスとこの地の光のマスター、光の同胞団が75万年前から、この地に光の神殿を降ろしていたそうなのです。なんとウルルには、古代レムリアの神殿があったのですね。ウルルの原住民族で

ウルル

あるアボリジニは、古代レムリアの部族だったのです。

古代レムリアの部族は、この聖域で何をしていたのか。虹の光の同胞団に聞いてみたところ、ウルルは、宇宙船が降り立つ場。宇宙船の基地だったというのです。

ここには、多次元宇宙と地球が一瞬にしてつながって、地球と宇宙と自分がひとつになる**ヴォルテックス（渦《うず》）**があります。そこでは思いが物質化する現象が起きていたのです。

さまざまな宇宙人たちとレムリアの部族が交流して、地球人の意識の高さを称え、交信していた理由は、まさに、共同創造のためだったのです。

光の同胞団によると、いま、ウルルの地にあるマギーの泉の振動数とつながることで、私たちは古代レムリア時代に、人類が

マギーの泉

封印してしまった他の惑星と交流する力や具現化の才能を再び取り戻すことができる、と。

マギーの泉は、乾燥地帯であるウルルに残されているオアシスで、レインボードラゴン（虹龍）が棲んでいます。レインボードラゴンは、古代レムリアの調和の振動数をもつ神獣で、セブンレイズ（７つの光）が統合したパワフルで聖なる龍。その多彩な光のごとく、マルチな縁をつなげてくれる存在です。

物事を形にしたいとき、レインボードラゴンが実際にご縁を四方八方につなげてくれます。人との縁だけではなく、物や情報、神々や他の惑星の住人との縁も必要に応じてつなげて現実にする方法へと導いてくれるでしょう。

物事の具現化のワーク

①ウルルのマギーの泉で祈りを捧げる。

マギーの泉は、ムチジュルの泉とも呼ばれ、ウルルに降り注いだ雨のほとんどが、岩肌を伝ってこの岩のくぼみに注ぎ込まれ、枯れることがない神秘の泉として大切にされています。

女神ガイアの大地のパワーを感じながら、聖なる泉に意識を向け、レインボードラゴンを招きましょう。

「この地とご縁をいただき感謝します。
神聖なる私の名において、いま私のいるこの空間に、レインボードラゴンを招きます」

②レインボードラゴンとのつながりを感じながら、対話をする。

マギーの泉からウルルの岩を見上げると、ハートマークのくぼみがあります。

自分が望むご縁にフォーカスして、レインボードラゴンにお願いしてみましょう。

たとえば、パートナーシップにフォーカスしている人であれば、

「地球天国で真実のパートナーシップのご縁を形にします。そして、ツインフレームとともに地球天国をより豊かにしていきます。サポートをお願いします。ありがとうございま

す」

事業を興すことにフォーカスしている人であれば、

「地球天国で今までなかったような事業を展開し、人々の進化に貢献します。サポートをお願いします。ありがとうございます」

思いがけない出会いがあったり、自分のひらめきが形になっていくことをサポートしてくれるようになります。

③光のマスター感謝を伝える。

「物事の具現化のワークをありがとうございます。このご縁に感謝します。これからもあなた達と私は、共同創造主として働きをしていきます」

なお、レインボードラゴンは、天を地にもたらす存在です。自然界を尊重しながら、宇宙という天がこの地に降ろされていく引力をピュアに感じていられる場所でもあります。自分自身の腹で決めたことにコミットすることで、さらに女神ガイアと共鳴・共振して、グラウンディングもしやすくなります。

Chapter4

地球天国への入り口

北米と南米の聖地

シャスタ　セドナ　ハワイ　ペルー

スピリチュアル能力／恐れを手放す／癒し

北米　カリフォルニア　シャスタ

目的：□チャネリングの能力が開花する　□スムーズな次元上昇
□死生観が変わり恐れがなくなる　□喪失感や欠乏感の癒し
光のマスター：レムリアの最高神官のアダマ

シャスタは、アメリカの北カリフォルニアに位置する手つかずの大自然が残された場所。乾燥した砂漠のような岩場から、みずみずしい森林まで、表情豊かな地球の姿に出会える聖なる土地です。

私はシャスタに20年以上毎年通い続けて、1～2か月は過ごしています。それこそ20年前は、知る人ぞ知るパワースポットでしたが、いまや世界中の人が注目する聖地です。

シャスタには、女性性と男性性を象徴している峰があり、高いほうをそのまま「シャスタ」と呼び、低いほうは「シャスティーナ」と呼んでいます。

シャスタ山には、レムリアの愛の神殿が残されていて、高次元の存在たちが一同に集まってきます。地底にある古代レムリア時代のシャンバラ（地下都市）には、シャスタの光のマスターの一人であるレムリアの最高神官アダマを始めとするレムリア人たちが、いまも存在しています。

常に高周波で、ある意味、すでにアセンションした場所であるシャスタの振動数とつながると、理屈抜きでこれまでの意識がガラリと変わるような体験をすることがあります。いままで腑に落ちなかったことが、すっと納得できたりするのです。

たとえば、私たちの死に対する概念、死生観というものは、地球天国で大きく変わるもののひとつでしょう。

新型コロナもそうでしたが、災害などで、突然大事な人を失った経験をした人もいらっしゃると思います。

確かに、当たり前に隣にいたはずの人がもういないというのは、どのような理由であれショックな出来事です。もう声を聞くことも、触れることもできないというのは、寂しいと感じて当然です。それは肉体をもつ人間には身体感覚があり、五感を通して感じる力を持っているからです。

しかし、誤解を恐れずにいうと、地球天国では「死が永遠の別れである」という意識は地球の古い概念として上書きされていきます。地球で死を迎えたら、肉体レベルではお別れしたとしても、普通にエネルギーを介していままでどおりお話ができたり、呼べば来てくれるようになる。特殊能力のあるなしはまったく関係ありません。

人は二元性を体験する中で、「生き死に」として死に恐れをなすようになり、生に執着するようになった。そのために、死ぬことを恐れるようになったのです。

地球天国では、死が意味をもたなくなります。というのは、誰もが「私たち自身が永遠不滅の神であるから、命も永遠である」ということが腑に落ちて考えられるようになるからです。

これからは、「お空に旅立つ」ということが、宇宙旅行にでも行くような感覚になるかもしれません。「死という選択をして、次の扉を開く」というような、次のステージへの軽やかなステップという捉え方です。すべての次元はつながっていますし、意識は自由自在に行き来でき、いつでも一緒にいられることが地球天国でのみんなの共通認識になっていくでしょう。

シャスタは、アセンションを遂げた、この地球が天国であるという周波数に触れることができる場所です。つまり、あなたの亡くなった大事な人やペットたちと交流しやすくなります。さらに、高次元の存在と、つながることができるようになります。

すべては神聖なタイミングで訪れます。愛と信頼を持って、聖なる流れに人生を委ねる。ありとあらゆる可能性を体験することを決断して、地球天国を創造していく力を与えてくれるのです。

また、シャスタという場所は、すでに恐れや執着というものが存在しない世界です。もしあなたが大事な人やペットを失って深い悲しみの中から抜け出せなかったりするような場合も、シャスタの振動数に触れることで、あなたの魂を癒やし、前を向くエネルギーを活性化してくれます。

古い地球の意識の刷新、喪失感や欠乏感を手放し、傷ついた魂を癒やす、そして、亡くなった人を含めた目に見えない存在、さらに高次元の存在とつながりやすくするためには、レムリアの最高神官のアダマの力を借りましょう。

シャスタには、実にさまざまなパワースポットがありますが、今回は4か所をご案内します。レムリアの愛の神殿→パンサーズメドウ→光の都市→グラスマウンテンというルートで瞑想の旅に出かけましょう。

喪失感を癒やし、進化を加速するワーク

①「レムリア愛の神殿」で喪失感を癒やす。

緑の生い茂る森があります。森の中の道ならぬ道を歩いてレムリアの愛の神殿に行きま

しょう。レムリアの愛の神殿がある岩場には、まさにレムリアの振動数が残されています。向かいにはシャスタ山がきれいに見えます。好きな岩に腰かけて、最高神官のアダマを招きましょう。


「この地とご縁をいただき感謝します。

神聖なる私の名において、いま私のいるこの空間に、アダマを招きます」

②アダマとのつながりを感じながら、瞑想をする。

この地では、ただ目を閉じているだけで、「なぜ自分がこの地球に生まれてきたのか」。自分の愛の振動数を思い出すことができます。しばらく瞑想しましょう。

大切な人やペットを亡くしたことで喪失感を抱えている人に、アダマが話しかけてきます。


「あなたはこの地球でさまざまな体験をしてきました。

たくさんの人と出逢い、お別れも経験しました。

それはなぜでしょう。私たちは喪失感や欠乏感を知るために人を愛するのでしょうか。あなたの魂は、本当は知っています。

私たちは愛を体験するために出会ったのです。

愛し愛された経験を思い出してみましょう。

その人の愛を、もう一度感じて受け取ってみましょう」

いろいろな思いが交錯して悲しくて涙が出るかもしれません。湧き上がる感情に思う存分、思いを馳せてください。

レムリアの愛の振動数の中で、あなたの苦しみや喪失感は溶けていくでしょう。

自分が愛の周波数を持つものであると確信し、地球天国という新しい次元を進んでいくと決めたならば、パンサーズメドウの奥にあるシャスタの雪解け水が湧き上がる場所に進みましょう。

パンサーズメドウ

③パンサーズメドウから光の都市へ入る。

パンサーズメドウは、シャスタの次元上昇ポイントのひとつです。多次元のポータルを抜けて、シャスタ山の光の都市へと招かれる鍵となる場所です。

このエリアは、ネイティブ・ア

メリカンが保護していて、満月になると祈りを捧げにくる場所です。近くにはアセンションツリーもあり、その木に囲まれるだけで、次元上昇体験をする方もいます。

ぶくぶく湧き上がる水を見ていると、多次元のポータル（入り口）が開かれます。

目を閉じて、瞑想をしましょう。

④光の都市にある「光の神殿」で自分が多次元的な存在であることを体験する。

あなたの意識は、シャスタ山の中にある、光の都市に誘われていきます。

できる人は、アストラルトリップ（幽体離脱）をして、光の都市に入ってみましょう。もしくは、自分が、数ミリのごく小さい妖精のようなミニチュアサイズになったイメージをして、光の中に飛び込んでみましょう。

光の都市を旅していきましょう。

光の都市というのは、世界中のパワースポットに存在しています。たとえば、アメリカのセドナにもありますし、日本の富士山にもあります。

ですが、私は、数年前、それぞれの光の都市には、世界中のパワースポットとつながっている光の神殿があることに気づきました。

光の神殿には、光のマスターや神々、天使、宇宙生命体といったあらゆる次元の存在が集っています。光の都市を旅し、彼らと交流することで、あなたは肉体だけの存在ではないことに気づくでしょう。そして、自分は多次元的な存在であり、地球天国で生きる神、創造主であるということを、思い出していくことができます。

あなたが彼らに質問すれば、その進化のために、対話をし、インスピレーションを降ろしてくれることもあります。

ご縁のある高次の存在と、ハートとハートでつながり、愛・信頼・勇気・調和を光を通して循環していくことができるようになるのです。

光の都市

⑤光の神殿の中にある「真実の書」の部屋を訪れる。

（こちらは、自分に必要だと感じた場合のみ行ってください。⑥や⑦に進んでもかまいません）

たとえば、「自分がまだ気づいていない真実を知りたい」というようなとき、要はあなたのカルマに関して真実を知りたいのであれば、光の神殿に住む、カルマの光の評議会たちが導いてくれます。

「真実の書を見たい」と心でつぶやけば、どの部屋へ行けばいいかがわかります。部屋の扉の前に立つと、「中に入りなさい」と指示がくるでしょう。

そこには、地球天国であなたが創造主として生きることを阻むカルマの課題の書と、カルマから自由になるための真実の書があります。

大きな魔法の書で、上から手をかざすと、あなたに必要な情報が書いてあるページがパラパラと開きます。何が書いてあるか字が見えなくても、手から情報が読み取れます。

あなたの内側で、それを言葉にしたらどうなるか。実際に感じ取ってみてください。すると、「私はいま、自分は停滞していると感じていたけど、休養しているだけだった。自分はこれから大切にしていきたいことのために、パワーを温めている」とわかったりします。「真実の書」は、思い込みや思い癖を解放し、あなたの真実にアクセスできるのです。

⑥光の神殿の中にある「アセンションの部屋」を訪れる。

（こちらも、自分に必要だと感じた場合のみ行ってください。⑦に進んでもかまいません）

光の神殿には、アセンションの部屋という場所があります。さまざまなオブジェが置かれています。自分がご縁があると感じるオブジェに触れてみましょう。

自分のアセンションプロセスが加速したり、次元上昇のために必要なヒントが与えられたりします。その変化は現実世界で受け取ることができます。

部屋の奥には、アセンションの光のエネルギーの球体があります。触れてみると、自分がアセンションタイムラインに乗っていることがわかります。

アセンションタイムラインというのは、次元上昇していくアセンションの振動数が自分の中に取り込まれていくシステムです。地球天国で進化している自分の無限の可能性を体験できるようになっています。

「一歩が踏み出せない」「進化するということが、いまひとつわからない」など、地球天国を進むということにモヤモヤ感や迷いがある人は、地球天国で最高最善に生きるということが、腑に落ちるとともに、どうしていけばいいのか、ギフトを受け取れたりします。

⑦グラスマウンテンで、地球天国での計画を立て、紙に書く。

光の都市で自分が多次元の存在であることに気づき、神々や光のマスターとの交流を楽しんだら、グラスマウンテンに行きましょう。

グラスマウンテンは、シャスタ山の領域にあり、大昔の火山の噴火によって出てきたオブシディアン（黒曜石）が山の表面を覆っている場所です。

ここでは、光の都市で受け取ったインスピレーションを地球天国で実際の行動のエネルギーに変える場所です。

なぜオブシディアンができたかといえば、火山が噴火したときに、溶岩が急激に凍るとガラスになるのです。噴火するほどのエネルギーをもち、噴火した後に溶岩を宝石のように硬質で美しいガラスに変えるほどのパワーがみなぎっている場所なのです。

グラスマウンテン

＊

オブシディアンの上に座るイメージをします。オブシディアンのエネルギーに触れながら、こんなふうに伝えてみましょう。エネルギーが空間に満ちてきます。

「私はこのグラスマウンテンに来て、光の都市で受け取ったインスピレーションを降ろします」

自分がこの地球天国で、どんなことを具体的にやっていきたいか、計画を立ててみましょう。ノートやスマホに、日付や場所とともに、具体的に何をしたいか書き出してみてください。マスターたちから受け取ったメッセージなども残しておきましょう。

オブシディアンは、あなたの思いをアンカーして、決めたことを守り続けながら、あなたが道に迷わないようにサポートしてくれます。

⑧シャスタの旅に導いてくれたアダマに感謝を伝えましょう。

「喪失感を癒やし、進化を加速するワークをありがとうございます。このご縁に感謝します。これからもあなた達と私は、共同創造主として働きをしていきます」

具現化／現状打破／リセット／決断力

北米 アリゾナ州 セドナ

目的：□現実創造の加速 □本当に必要なことが起こる □決断力がつく □素の自分を受け入れる □信頼できる人間関係の構築 □迷いや悩みのリセット

光のマスター：シリウスの光の使者たち

街全体がパワースポットであるセドナは、ヴォルテックスが至るところにあり、渦を巻いていると言われています。レッドロックや奇岩、流れる川にもパワーが宿り、地中からパワーが湧き出ています。ヴォルテックスはパワースポットでは、よく見られる現象ですが、セドナのそれはまさしく人智を越えた果てしないパワーがあります。サボテンの幹まで渦を巻くようにねじれているものが多く、足元のつむじ風まで渦を巻き、地層自体もまるで渦を巻いています。

ベルロック

セドナは、私自身も、そして周りの人を見ていても、行くと何かが起こるべくして起こる場所です。しかも、これまでの人生をガラリと変えるような激しい変化だったりする。私はそれをセドナマジックと呼んでいます。

私のスタッフに犬猿の仲の男女がいたのですが、セドナに来たとたん、恋愛モードがスイッチオンになって、トントン拍子で結婚。子どもを授かって、幸せな家庭生活を営んでいます。その女性は、「私は一生結婚しなくてもいい」「どうせパートナーなんて、私のことを裏切る人しか来ない」というふうに、パートナーシップや恋愛に関して諦めていたタイプだったのです。それが、180度変わってしまった。見ているほうが唖然とするほどの変容っぷりでした。

反対に、離婚が決まるなど、一見大変そうなことが起こる場合もあります。それは、あなたの今後の幸せのために、その結婚生活がもう必要ない、かえって足枷になるような場合で、スパッとリセットされることがあります。そのように予想がつかない出来事が起こるのがセドナマジックです。

「本を出したい」「デビューしたい」といった自分を表現したい、ブレイクスルーしたいという願いがある人にも向いている場所です。

また、変わりたい気持ちがあるけれど、具体的にどう動いていっていいのかわからない。心にモヤモヤし不透明感があるようなとき、その迷いをなくしていくときに、自分に変容を起こすために行くのに最適な場所です。

「人生に迷ったらセドナ!」そう覚えておいてください!

セドナには4大パワースポットと呼ばれる場所があります。「**ベルロック**」「**カテドラルロック**」「**エアポートメサ**」「**ボイントンキャニオン**」です。

ただ、地球天国を創造するいま、自分を全開にして行動していきたいと思うならば、つながるべき場所は、ベルロックとカテドラルロックです。

実際にセドナを訪れると、どこのスポットにいくのでも、ハイキングをするように体を動かします。そこに行き着く過程で、土地にグラウンディングし、「私は必ず行動する」決めてから、歩いていきましょう。そうすることで、セドナのエネルギーがチャージされていきます。

今回のように遠隔でセドナのエネルギーにアクセスする場合も、赤土の岩や濃い緑の森林の中を歩く自分をイメージすることで、セドナの振動数とつながります。この本では光のマスター、シリウスの光の使者たちがナビゲートしてくださいますから、安心してエネルギーを受け取ってください。

シリウスは、古くから地球と深い縁を持ち続けている惑星です。シリウスから光の使者たちが新しい次元への進化のために、私たちに働きかけてくれています。

カテドラルロック

実は、セドナにも、シャスタ同様に光の都市があります。源から光の都市がカセドラルロックに降ろされているのです。そして、レムリアの時代からシリウスの光の使者たちが、セドナの担当として、光の神殿を守っています。

光の神殿は、世界中のどのパワースポットともつながっていると前述しましたが、パワースポットごとに役目があります。セドナの光の神殿は、ワンネスのエネルギーです。地球天国において、私たちが「すべてひとつにつながる」ために力を貸してくれます。もちろん、セドナの光の神殿でも、あらゆるアセンデットマスターや神々、神官たちと会うことができますが、周波数的には、シリウスの光の使者、大天使ヘルメス、聖母マリアが合っていて常駐していることが多いです。

シリウスの光の使者とご一緒するときは、シリウスの光の天使、イルカやマーメイドたちがわんさかやってきて、とてもフレンドリーに案内してくれます。

人生の最善に導く決断をするワーク

①ベルロックで男性性のエネルギーをチャージし、決意表明する。

ベルロックは、赤い岩肌で鐘型の特徴的な形の山で、とても目立ちます。高さは1499メートルあり、男性的なエネルギーがある場所です。

ベルロックのふもとでもいいですし、頂上までトレイルしてもいいでしょう。自分が瞑想できる場所を見つけたら、座って目を閉じます。シリウスの光の使者を招きましょう。

「この地とご縁をいただき感謝します。

神聖なる私の名において、いま私のいるこの空間に、シリウスの光の使者を招きます」

②シリウスの光の使者とのつながりを感じながら、瞑想する。

ベルロックは、決める力をもらえる場所です。「あなたは何を決意表明しにきたのですか？」といわんばかりの、決断と実行のエネルギーを授けてくれるのです。

すでにしたいことが決まっているならば、**「私は○○することに決めました。サポートをお願いいたします。ありがとうございます」**と報告しましょう。

ベルロックの近辺には、コートヤードという岩があります。コートヤードは「判決する」という意味が含まれていますから、あなたが決意表明をしたら、「はい、わかりました。行きなさい」という形で、後押しをしてくれます。

決められなければ、決めるエネルギーが現実であなたを動かしていきます。

悩みがあるなら、委ねる気持ちでいけば本当に必要なことが起こるでしょう。

③カテドラルロックで女性性のエネルギーをチャージし、本来の自分を輝かせる。

次は、大聖堂の岩を意味するカテドラルロックに行きましょう。カテドラルロックは女

性のエネルギーが強く出ていることから「パートナーシップ」に縁があるといわれています。内面を深く見通す女性性のエネルギーに長け、人生を進化させる場所です。

あなたを取りまくすべての人間関係はパートナーシップといえますね。カテドラルロックに降ろされる光の都市からの神聖なワンネスのエネルギーを受け取って、地球天国で互いの天命を支え合い、協力し合える信頼関係が存在し、双方の神聖な運命を開くことができるでしょう。

＊

カテドラルロックの岩壁を這い上がっていきます。2つの巨大な「尖塔」の間に広がる高台を目指します。岩と岩の間の頂上、そこがアセンションポイントです。

アセンションポイントで瞑想をしたり、宣言をします。

「私は、ベルロックで決意したことを実行する中で、多くの人と無条件の愛でつながり、皆で源から祝福を受けとり地球天国を豊かにします。ありがとうございます」

このように、決意したことをご縁によって広げ、共同創造していくと意図してみましょう。②で決めることができなかった場合は、こんなふうに伝えてみましょう。

「私は自分の天命を生き、無条件の愛と信頼関係の中で、地球天国を創造していきます。ありがとうございます」

④光のマスターに感謝を伝えましょう。

「人生の最善に導く決断をするワークをありがとうございます。このご縁に感謝します。これからもあなた達と私は、共同創造主として働きをしていきます」

原点回帰／リセット／モチベーション／スピリチュアルな能力

北米 ハワイ州 ハワイ諸島

目的：□エネルギーのリセットと再誕生　□原点回帰
□充足感があり満ち足りた人生　□神聖なビジョンに目覚める
□女神ペレの情熱につながる　□カルマフリー
光のマスター：ラムー

この本を書く過程で、女神ガイアがあなたに必ずつながってほしいと伝えてきた場所があります。それはハワイです。

ハワイは、地球天国への移行期間をすごく助けてくれるパワースポット。ハワイは古代レムリアのエネルギーが残されていて、そのエネルギーチャージをすることで、いままでの全価値観、枠組みをシフトするのに役立ちます。

ハワイは、８つの島と１００以上の小島からなり、一大リゾート地として世界的に有名

ですが、古代から神聖なエネルギー「マナ」が宿る地であり、現地の方々はマナが宿る場所を今日でもとても大事にしています。それがハワイのパワースポットと言われる場所になります。

今回、あなたにご紹介したいのは、**オアフ島、カウアイ島、マウイ島、ハワイ島**の4つの島にあるパワースポットです。

それぞれの場所で、感じることは違うでしょう。ただ、自分に素直に正直にいられる時間が増えて、充足感と感謝で満ちあふれたときを過ごせるようになるでしょう。

それはまさに地球天国です。ハワイは地上の楽園と言われますが、本当の意味で地球上の天国であり続けている場所です。これからは、地球上のすべてがこのハワイのような高周波の次元になっていく。ハワイの次元を私は「アロハ次元」と呼んでいるのですが、それは、ワクワク感、至福感、幸福感、満載の周波数で満ちていることです。「アロハ次元とつながる」。そう言葉にするだけで、世界がわくわく至福に満ちて、幸福感を感じる人たちとつながれるようになります。

そのためには、どんな想いや感情が湧き上がってきてもノージャッジ。自分に無判断、無条件のままで受け止めてあげることが大事。ハワイの振動数とつながって、いつでも幸福感でいっぱい、幸せを選択できるあなたになってください。

1. オアフ島／エネルギーのリセットと再誕生のワーク

ハワイとつながると決めたら、ハワイを統括している光のマスター、女神ラムーに挨拶をしておきましょう。あなたのハワイの旅を導いてくれる存在です。

「この地とご縁をいただき感謝します。
神聖なる私の名において、いま私のいるこの空間に、ラムーを招きます」

①オアフ島のクカニロコを訪問する。

オアフ島に「**クカニロコ・バースストーン**」というパワースポットがあります。

かつて、レムリアの末裔と言われているハワイ王族達はこの場所で出産をしていました。クカニロコで生まれた王族の子どもは偉大なるマナを得ると伝えられています。その場にあるバースストーンには神聖な光の存在達が降りてきて、その偉大なる力を持つものの誕生の祝福に降臨していました。

この地は、オアフ島で一番標高が高く、オアフ島のおへそ（中心）。聖地クカニロコは、〝古代ハワイアンの王族がお産をした場所〟ということだけが先走りして有名ですが、天文学や航海術、薬の勉強など、その当時のユニバーシティでもあったハワイの叡智が集結している場所でもありました。

*

クカニロコのエリアは見事な平安の場所です。一歩中に入ると、心地よい風が吹いてきます。風のそよそよとした音だけが聞こえるような静寂に包まれて、そこだけが異世界のようにも感じられる場所です。その風を感じてみましょう。

この地は、レムリア時代に生きていたキングカメハメハと、ラムダスが光のマスターとして守り続けています。気持ちが落ち着いてきたらお招きしましょう。

「この地とご縁をいただき感謝します。

神聖なる私の名において、いま私のいるこの空間に、キングカメハメハと、ラムダスを招きます」

クカニロコ

②石の祭壇で、祈りを捧げる。

バースストーンの周りはハワイアンの人々が聖地を守るために石で囲いをしていて、聖域に入る前に石のゲートがあります。そこでこの地に招かれたことに感謝をし、

祭壇のように置かれている石の前に進みましょう。

石の祭壇の前で膝をついて祈ります。瞑想をしてもいいでしょう。

あなたは何のためにここに来たか。あなた自身の神格を感じながら、ハートに意識を向けて、言葉に出しても出さずしても、あなたがここに来たのはマナのエネルギーを与えてもらうというよりも、これまでの使い古した思考のエネルギーをリセットし、再誕生することを、次のような文章で宣言しましょう。

「**私は、不要なエネルギーを完全リセットとし、新たに生まれ変わります。サポートをお願いいたします。ありがとうございます**」

しばらく、この地の平安とあなたの内側にある静けさの中で、その振動数を感じ、人生をリセットする、不要なものがなくなる感覚を受け取ってみましょう。

静かに目を開けると、生まれ変わったあなたになっています。

*

お祈りした後は、リテンションといって、聖域の石で囲われている周りを、あなたの意図にフォーカスしながら無言で3周するのもよいでしょう。

もしくは、瞑想を続けましょう。生まれ変わったあなたが意図したことが具現化していくエネルギーがチャージされます。

③光のマスターに感謝を伝える。

「エネルギーのリセットと再誕生ワークをありがとうございます。このご縁に感謝します。これからもあなた達と私は、共同創造主として働きをしていきます」

2. マウイ島／原点回帰・魂の目覚めのワーク

マウイ島で、レムリアの周波数を最も持ち続けている場所は、**ハナ**という地域です。ハナは、全領域がレムリアから受け継ぐマナが息づいているパワースポットです。中でも、訪れてほしい場所は、ハレアカラ国立公園内にある7つの池「**プールズ・オブ・オヘオ**」。セブンポンドといわれる場所です。

オヘオ渓谷にあるピピワイ川に滝やプールが連続している場所が2マイルほど続き、海へ流れ込んでいます。その水はレムリアの記憶をずっと保持しています。

この本を手にしている人は、地球創世記のレムリア人とのハイブリッドとして今世、生まれてきている方がほとんどです。そういうあなたが、この水に触れると、自分のインナーテクノロジー、サイキック能力の全感覚が開き、神の神格が目覚めます。

①セブンポンドの水に触れ、自分の内側を十分に感じる。

セブンポンドに刻まれているレムリアの振動数を保つ水に触れることによって、あなたの内側の振動数がどんどんとレムリア時代の記憶を思い出していきます。それは、レムリア時代の記憶のみならず、魂の全記憶、すべての過去世の知恵も含まれます。

ここでは、特別に何かをすることはありません。レムリアの振動数を保持する水のエネルギーをチャージしましょう。

水の妖精にでもなったつもりで、セブンポンドの水と戯れるイメージングをしてみましょう。

*

水の中にすっぽりと入って泳いだり、水に浮かんでただただリラックスしてみましょう。

深い呼吸をしながら、神聖な水と戯れていくと、あなたの魂につながっていきます。

リラックスして、意識をハートに向けましょう。

自分の魂の振動数を感じるには、ハートを開いた状態で魂に意識を向けます。ハートチャクラ（胸の中心）に意識を向けながら、「もし私の魂が、何か思い出させてくれているなら、どんなことだろう」と自問してみましょう。

その水に触れることによって何か懐かしいことを思い浮かべたり、懐かしいと感じることを思い出したり、自分が本当に大切にしていることに気づいたりします。

あなたの魂の原点回帰になり、あなたの本質が目覚めるきっかけとなるでしょう。

3. カウアイ島／神聖なビジョンに目覚めるワーク

カウアイ島はハワイ諸島の中で最も古い島です。ハワイの島々の中でも一番雨量が多く、ガーデンアイランドとも呼ばれ、植物が自由に育つ恵まれた土壌を持ちます。まさに太古の自然がそのままに、いまも息づいている奇跡の島です。

カウアイ島で訪ねてほしい場所は2か所あります。**ハエナヘイアウ**と**カウアイ・ヒンズー教寺院**です。

カウアイ島には、フラの女神ラカを祀るカ・ウル・ア・パオア・ヘイアウや、雪の女神ポリアフを祀ったポリアフ・ヘイアウなど、多くのヘイアウ（神殿）の遺跡があります。ハエナヘイアウは、古代からハワイアンの神託として、古典フラを踊るクムフナ（ハワイのシャーマン）が祈る場所でした。そこにはゼロ磁場があり、すべてを原点に戻し、自らの神聖さにおのずと戻されるのです。自らの神聖さに再び回帰してゆき、本来のあなたのあるべき姿を見ることができます。

ヒンズー教寺院は、カウアイ島を流れる長さ32キロものワイルア川の上流にあります。ヒンズー教といえばインドやネパールのはずなのに、なぜカウアイにあるのか不思議ですよね。もともと、ワイルア川周辺は、王や酋長など身分の高い人々が暮らしていました。そのため、宗教や政治の中心地となり、この川沿い一帯はマナのたまる神聖な土地として、カウアイ郡によって所有され、手厚く保護されていた敷地の一部に、当時の郡長との合意により、寺院が建てられたのです。寺院には、ご神体として、アースキーパークリスタルがあります。それは、地球の波動に共鳴して人類の意識の進化を助けバランスを保つ力を持つ特別な水晶です。ヒンズー教の寺院という宗教的な枠を超えて、自分がスピリットとひとつとなっていくのを感じられる神秘的な場所です。

①ハエナヘイアウで明確なビジョンを受け取る。

ハエナヘイアウは、風が東西南北から吹いてくる崖の絶壁にあるパワースポットです。明確なビジョンを受け取ったり、自分の未来との対話をする場所でもあります。

(1)ハエナヘイアウの入り口に立ち、招かれたことへの感謝を捧げ、聖域に入る。

「この地とご縁をいただき感謝します」

(2)祭壇の前でひざまづいて崖のくぼみに額を当て、祈りを捧げる。

ハエナヘイアウの祭壇は、大きな岩に裂け目がある場所です。そこにハワイの花を捧げたり、水を流してみましょう。

(3)未来の自分のビジョンを受けとるサポートを依頼する。

「私がさらに地球天国で貢献することがあれば教えてください」

このような文意でお伝えしてみましょう。すると、未来の自分の姿が脳裏に浮かび、語り始めたりします。これまでぼんやりとしていたイメージが明確なビジョンとして明るみに出てきます。

この場所は、いつも気持ちのよい風が吹いています。そよ風に吹かれながら、瞑想をしたり、受け取ったビジョンを咀嚼したり、十分な時間を取って過ごしましょう。

*

不思議なことに、ハエナヘイアウには、予定をしていも実際に行くことができる人と、できない人がいます。遠隔でつながろうとするときも、なんとなくうまくいかない、イメージが続かない、となったならば、いまはまだそのタイミングではないのかもしれません。

がっかりすることはなくて、他のページの聖地を巡ってみたり、日を改めるなどしてみるとよいでしょう。

ハエナヘイアウは、どれだけ自分のインナーテクノロジーという超能力的な全感覚が開花しているか、心が変化を受け取る許可を出しているかが、つながるための鍵になります。ハワイはインナーテクノロジーの開花に適した場所です。他のワークを進めて内面の感覚を研ぎ澄ましてみるのもおすすめです。

②カウアイ・ヒンズー教寺院で、多次元の自分の課題をクリアにする。

カウアイ・ヒンズー教寺院は、一般的に、ヒンズー教の神様が降りてきて、低波動の感情や思考を浄化する場所として知られています。

それだけでも素晴らしいのですが、多次元の地球天国を生きると決めたならば、感情や思考の浄化までですと、4次元、5次元の進化で終わってしまいます。地球天国を生きる上では、まだエネルギーに重荷を抱えている場合が多いのです。

たとえば「神として、自分が創造主として生きることが信じられない」「未来に対してフットワークが重たくなる」というようなことがある場合、何かしら根っこに深いカルマを抱えていて、まだ地球天国で生きる周波数になっていないこともあります。そのためには、感情や思考の浄化だけでなく、多次元にわたるカルマ、エネルギーの課題を打ち砕く作業をするといいでしょう。

3つの段階を経て、あなたのエネルギーを多次元的にクリアにしていきます。

(1)ガネーシャの火の浄化の儀式を行い感情・思考レベルをクリアにする。

ヒンズー寺院の門前には、ガネーシャが鎮座しています。ガネーシャを招きましょう。

「この地とご縁をいただき感謝します。神聖なる私の名において、いま私のいるこの空間に、ガネーシャを招きます」

ガネーシャの脇には、ペンと紙が置いてあります。ガネーシャに対して、自分の手放したいものすべて書き出します(実際に紙やノートに書き出してみてください)。

たとえば、「自分は創造主としての価値がない」「失敗に対する恐れがあって一歩を踏み出せない」「容姿に自信がもてない、私が愛されるわけがない」……。こういった思考を解放する、手放すという思いで書き出します。

それを、マッチやライターの火で燃やしましょう。あなたの感情レベルの負のエネルギーは灰となりクリアになります。ガネーシャに感謝を捧げて、寺院に入ります。

(2)アネラクリスタルのもつレムリアの振動数とつながる。

寺院の中に入っていくと、ターコイズとエメラルドグリーンが混ざったようなそれは美しいブルーのクリスタルが目に映るでしょう。

アネラクリスタルは、火山によってできた水晶で、噴火の後、急激に冷えたことでガラスになり、さまざま光の色をもっています。その色はレムリアの波動数がプログラミングされています。

アネラクリスタルに手をかざし、その周波数とつながりましょう。

（実際に訪れたときは写真を撮ることもできます）。

(3)アースキーパークリスタルのエネルギーで多次元レベルで意識をクリアリングし、意識の進化を加速させる。

ここからは裸足で、シヴァ神が祀られている祭壇に進みます。その横には、アースキーパークリスタルという巨大な水晶がご神体として一緒に祀られています。

このクリスタルにおいても、さらに手放したいものがあるかどうか、そして、どのようなことをして地球天国で自分を表現していきたいか、アンカーするように促されます。

ガネーシャのところで一度手放していますが、念押しするようにもっと解放するべきものはないか、と尋ねています。実際に、紙に書き出しましょう。

ポイントとして、アースキーパークリスタルは、喉にある第5チャクラが司るコミュニケーションに関して、眠れる能力を引き出すと言われています。たとえば、テレパシーや、天耳通的な能力のことです。本来、レムリアで私たちの祖先はそのような、いわゆるサイキック能力＝インナーテクノロジーの能力を誰もが普通にもっていたのですが、現代人は忘れてしまっています。それを思い出させてくれるのです。

具体的に文章にしにくい場合は、全開したインナーテクノロジーをもってあなたは地球天国で何をしたいか。そこをクリアにしたミッションをこのような文章で書き出しましょう。

「私のインナーテクノロジーの開花をせき止めているカルマを解消し、全感覚器官を開き、私の才能を完全に思い出して地球天国に貢献します。サポートをお願いいたします。ありがとうございます」

石の横にあるかごに紙を入れるイメージをして、お祈りします。

(4)レムリアそのもの、魂の原風景を見ながら、(3)の願いをアンカーする。

寺院のさらに奥へ進むと、自分がレムリア人であったことを思い出させてくれる絶景が目に飛び込んできます。この風景を見ると、誰もが「懐かしい」と思う、魂の原風景というべき場所です。

川が流れ、深い緑が生い茂る森や碧い空があなたを包みます。その風景に抱かれながら、(3)で書いた願いを頭で反芻しましょう。

景色を見て懐かしいと感じるということは、あなたの内側の振動数が眠っていたレムリアの振動数を引き出しているからこそです。その懐かしい光景を見ていると、自分が書いた願いに自ずと確信を持てるでしょう。

自然とアンカリングがなされますから、そよ風に吹かれる心地よさを感じながら、しばらく風景を楽しんでください。

4. ハワイ島／キラウエア火山　女神ペレの情熱につながるワーク

ハワイ島の**キラウエア火山**は、女神ペレの神殿がある場所。

女神ペレが神聖な炎を絶やすことはなく、活火山として、いまも溶岩を大地に、海底に注ぎ続けています。

女神ペレは、ハワイアンの間で火と創造の神とされ、古来、ハワイの人々は、ペレを賛美し、噴火して被害が出ている時でさえ噴火口に花やフラを奉納し、ペレのもたらす拡大に感謝と愛を捧げているのです。

この地球天国創造のタイミングで、女神ペレからメッセージが届いています。

「**破壊はあなたの人生の創造性や再誕生に必要なことです。あなたには、神聖な存在として生まれ変わる準備ができていますか？　永遠の創造のプロセスとつながって、あなたの喜びを手にする時がきました。あなたの内なる女神と神がひとつとなって、再び愛と情熱を交わして、偉大なる人生を創造するときです**」

女神ペレは、さまざまな表情をもっています。非常に愛情深く、新たな島を生み出すほどの創造のエネルギーを持つと同時に、破壊的なエネルギーもあります。そして、地球天国を生きるあなたがつながってほしいのは、ペレの情熱です。

キラウエア火山にアクセスすることで、あなたの深い情熱が活性化します。そして、その情熱を絶やさず、自分が決めた地球天国で生きる道を進むことができるようになる。ペレはこんなふうにも言っています。


「あなたの情熱にアクセスしたら、人々はその情熱に感銘を受けるでしょう」

つまり、あなたの情熱にシンクロするように、情熱のある人々が集まり、つながりが深められるので、地球天国では実際にあらゆる人々が情熱の火をともし合い、炎でともに温め合いながら、創造を広げていくのです。

①女神ペレとつながり、命の炎を受け継ぐ。

ハワイ火山国立公園にあるキラウエア火山は、2018年の噴火後、断続的に噴火を続けていて、ダイナミックに変化を遂げている最中といえます。

2020年の12月にもキラウエア山頂にあるハレマウマウ火口が噴火し、火口には溶岩が流れ込み、200メートルほどの深さの溶岩湖ができているそうです。火山の現況は「キラウエア火山情報」で検索すると、知ることができます。

この場所に実際にお祈りに訪れるのには、新型コロナの影響もあり、時間がかかるかもしれませんが、遠隔であればいつでも可能ですし、いまこの瞬間も女神ペレはあなたのアクセスを待っています。早速つながってみましょう。

＊

(1)女神ペレに挨拶をする。

女神ペレの神殿は、ハレマウマウ火口が入り口です。カルデラに溶岩が流れ、時に火の粉が舞い、煙がもくもくと立ち上る、まるで地球が呼吸をしているかのようです。その噴火口を見つめます。

ペレにこの土地に招かれたことの感謝とともに、ペレの命の炎を受け継ぎ、情熱をもってペレと共同創造していくという思いを、このような文章で告げるとよいでしょう。

「この地とご縁をいただき感謝します。地球天国において、わたしはあなたから受け継いだ情熱を絶やさず天命を継続します。サポートをお願いいたします。ありがとうございます」

祈りを捧げた後、実際にペレからのメッセージがやってくるかもしれません。それは、あなたのインナーテクノロジーを通してやってくるでしょう。それは「応援します」「あなたの情熱は私以上ですよ」「大丈夫です。きっと成し遂げます」など、一言メッセージかもしれません。

もし受け取ったら、共同創造していくことを再度伝えてみましょう。あなたはさらに自分の天命にコミットできるでしょう。

(2)サーストン・ラバ・チューブでグラウンディングする。

ハワイ火山国立公園には、サーストン・ラバ・チューブという溶岩でできたトンネルの山道があります。

くぐる前に、ぜひ、女神ペレに対して、こんなふうに意図してから歩いてください。

「自分は情熱を絶やさない存在として、自分の神格の一つである情熱の炎のともしびを自分に与え続けます」

このトンネルは、女神ペレの創造物のひとつであり、本当の情熱を完全にグラウンディングする最大の機会になります。

トンネルを抜けたらペレに感謝の挨拶をしましょう。

「このご縁に感謝します。

これからもあなたと私は、共同創造主として働きをしていきます」

(3)ハワイの旅の終わりに、光のマスター、レムリアの女神ラムーにも感謝を伝える。

「ハワイの旅に導いてくださったラムーに感謝します。

このご縁に感謝します。これからもあなた達と私は、共同創造主として働きをしていきます。

ありがとうございます」

直感力／引き寄せ力／シンクロニシティ

南米 ペルー
マチュピチュとチチカカ湖

目的：□直感力がさえわたる　□ひらめきを受け取りやすくなる
□シンクロニシティが頻発する　□サイキック能力の開花
光のマスター：虹の光の同胞団

あなたが持つ本来の能力が、努力なしに、ナチュラルに開かれていく。あなたの直感や感性や認知力が全方位的に開かれて、必要な振動数をキャッチできるようになるとってきの場所があります。ペルーです。

ペルーのマチュピチュは、コズミック・ポータル・チャクラと呼ばれる、人間のオーラの最上部12チャクラにあたる聖地でもあります。

つまり、この聖地のエネルギーは、あなたと宇宙とのパイプをきれいにし、より太く強いものにしてくれます。

ペルーのアンデス山脈には、光のマスター、虹の光の同胞団がいます。虹の光の同胞団は、アンデスの伝承や書籍、インカの予言の中にも「虹の光の同胞団」という記述がある光の存在、つまり源と交流があるマスター、使者として語られています。

もともとは、私たちと同様に人間であり、悟りを開いたあらゆる先住民のチーフたちがアセンションした存在です。そして、あまりにも地球の自然界や人類を愛しているので、積極的に地球や人類と関わり、地球のアセンションに貢献する役割をもっています。ですから、彼らにとって地球天国で人類と共同創造主として活躍することは願ってもないことで、ひいては私たち人類のアセンションに貢献したいと盛んにメッセージを送ってきているのです。そして、人類のアセンションの鍵を握るのが、あなたの感性を磨くこと、感覚器官を開き、直感力を高めることと言っています。

アンデス山脈にはパワースポットがたくさんありますが、ここでは、虹の光の同胞団の導きに従い、**マチュピチュ**と**チチカカ湖**であなたの感性を花咲かす作業をしましょう。

直感を高め、現実創造につなげるワーク

①マチュピチュで虹の光の同胞団とつながる。

マチュピチュはアンデス山脈の東部、標高約2450メートルの尾根に位置する古代インカ帝国の遺跡です。山裾から遺跡の存在が確認できないことから、「空中都市」「インカの失われた都市」などと称されます。

まず、アンデス山脈のエリアに入ったら、虹の光の同胞団に招かれたことへの感謝をし、

彼らを招きましょう。

「この地とご縁をいただき感謝します。神聖なる私の名のもとに、ここに虹の光の同胞団を招きます」

マチュピチュにはさまざまな遺跡がありますが、全感覚が最も開かれる光景は、ワイナピチュ、若い山といわれる場所です。意外にも、マチュピチュそのものではなく、その山が鍵だと虹の光の同胞団は私にささやいています。

ワイナピチュは、有名なマチュピチュ遺跡の写真の後方に必ずといっていいほど映り込んでいる山だったりします。「人の横顔のよう」と形容されるなだらかな、調和のエネルギーを宿した山です。

*

マチュピチュ遺跡から、ワイナピチュの絶景を眺めましょう。

それを眺めるだけで、あなたの閉じていた感覚器官が優しく開かれる役割があります。その山を見て、実際に自分がどんな気分になるか。それを感じることを許可する場所でもあります。

まずはあなたがそこに立ったとき、それを見たときに何を感じて、どんなものが思い浮かぶか。何か音が聞こえるとしたら、どんな音なのか、感じてみましょう。

実は虹の光の同胞団は、五感を通してあなたとつながって、あなたの感覚器官をどんどんと開いてくれます。

リラックスしてきたら、こんなふうに意図を放ちましょう。

「ここで私の、直感を含め全感覚器官が開かれ、より私が地球天国の神として、創造主として、日々を送ることを意図します」

このような意図を放った後にやってくる、イメージや、インスピレーション、ささやきといったものを、感じ取ってみてください。そして、その感じたことを言葉にするということを忘れないでください。感じたことは、言語に変えることで、あなたはさらに理解を深めることができます。

たとえば、「たくさんの人の前で講演をしている」というような、自分にとって予期せぬイメージが浮かんだとします。それを言語化して伝えるのです。

「全感覚が開かれたことにより、講演をしている自分という、まるで新しいイメージを受け取りました。ありがとうございます」

言葉は私たち人類にとって、現実創造の魔法の杖のようなものです。言葉にすることで思いを具体的に放つことができる。上手に言おうとしなくても大丈夫ですから、心をこめて素直に言ってみてください。

虹の光の同胞団は、それをキャッチしてその後の出来事につなげてくれます。私の感覚では、マチュピチュで虹の光の同胞団とアクティベートすると、周波数が上がりシンクロニシティが頻発して、豊かさや楽しさを享受するような体験を引き寄せる人が多いものです。

②チチカカ湖周辺アラムムロの遺跡からシリウスにつながり、もっと直観力を高める。

さらに直感を磨き、あなたが望む次元、可能性の扉を開いてくれる場所が、チチカカ湖にあります。

チチカカ湖は、ワンネスのチャクラと呼ばれ、人間のオーラの外側上部13チャクラにあたる聖地です。多次元のポータルでもあるこの聖地のエネルギーは、分離感や孤独感を癒し、すべてはひとつであるワンネス意識を呼び覚ましてくれます。ワンネスの意識の状態になることで、多次元の可能性を開き、すべてのものとつながりやすくなると、さらにあなたの直感力は飛躍します。

チチカカ湖は、琵琶湖の12倍もの広さがある湖で、アンデス山脈のペルー南部とボリビア西部にまたがっています。標高3800メートルを越える世界最高所の天空の湖であり古代の湖です。

実は、チチカカ湖の湖底には、素晴らしい黄金と虹に輝いた光の神殿があります。そこに招かれるためには、**アラムムロ**というチチカカ湖近辺の遺跡にゲートがあります。しかし、今回、虹の光の同胞団は、アラムムロ遺跡から、光の神殿ではなく、惑星シリウスと

アラムムロ

つながるようにあなたを導いています。

＊

アラムムロの遺跡は、ドラゴンの背のように入り組んでいて、造形的です。その一角はゲートのようになっており、光の神殿だけでなく、シリウスともつながっています。シリウスの光の使者たちは、チチカカ湖の光の神殿にも集まっていますから、シリウスと交信することは、チチカカ湖の光の神殿のエネルギーも受け取れますし、シリウスという惑星のピュアなエネルギーに触れることで、あなたの全感覚器官はさらに目覚め、よりサポートを受けられるようになります。

ゲートの前で、自分がアラムムロ

の遺跡に招かれたことに感謝し、シリウスの光の使者とコンタクトをとりましょう。

「この地とご縁をいただき感謝します。私がここに訪れて、シリウスの光の使者たちとコンタクトを取れることを感謝します」

さあ、シリウスとのつながりを深めていきましょう。

まずシリウスという惑星を意図して、ゲートに手を当てます。あなたの額をそのゲートの岩に付けましょう。

あなたはシリウスへの旅を通して、多次元の自分を受け取っていきます。シリウスは光に満ちた美しい星です。そこで、全感覚を開いて遊んでみましょう。

人により受け取るイメージはさまざまです。スーパーノヴァ、いわゆる銀河の天の川をふわふわ浮かぶようなイメージを持つ人もいるでしょう。

シリウスにはあらゆる美しい光の世界があります。光の森、光の泉、光の滝、光の草原。そこには精霊たち、イルカやマーメイドもいます。姿形は私たちの想像と同じですが、もっと発光していてまぶしく感じるかもしれません。

イメージが湧かない人は、シリウスのエネルギーを、いま全身で受け取っているということ。自分にチャージしている、と意図すれば大丈夫です。

シリウスの旅を十分楽しんだら、シリウスの光の使者たちに感謝をして終わりましょう。

＊

その後日常で、ワクワクや楽しいアイディアを受け取ったり、思わず鼻歌がでたり、ダンスしたくなったりという現象があったなら、それはシリウスのエネルギーがあなたの中で活性化した証拠だったりします。

シリウスは、実際に地球と関係性が深い惑星です。私たちはみな、地球に生まれる以前、魂がシリウスを経由してくると言われています。赤ちゃんの魂はシリウスのマーメイドの男女にハグされて愛のエネルギーを覚える、とも言われているのです。

シリウスは、地球の父性、特に男性性のエネルギーに貢献している部分が多いものです。男性性といっても、支配や権力、戦いのエネルギーレベルではなく、父性的な大切なものを守るというエネルギーです。もちろん女性の中にも父性があります。そういった意味で、自分自身や大切な人を守り抜く力や力強さ。同時に、少年のような遊び心、好奇心、冒険心といった周波数で地球に貢献しています。そして、大切なものを守るにしても、冒険するにしても、ここぞというときは直感がかかせません。シリウスは、あなたの中にある本能的に、直感に従って動くというエネルギーを呼び覚ましてくれるのです。

③ペルーの旅の終わりに、光のマスター、虹の光の同胞団に感謝を伝える。

「ペルーの旅に導いてくださりありがとうございます。

このご縁に感謝します。これからもあなた達と私は、共同創造主として働きをしていきます」

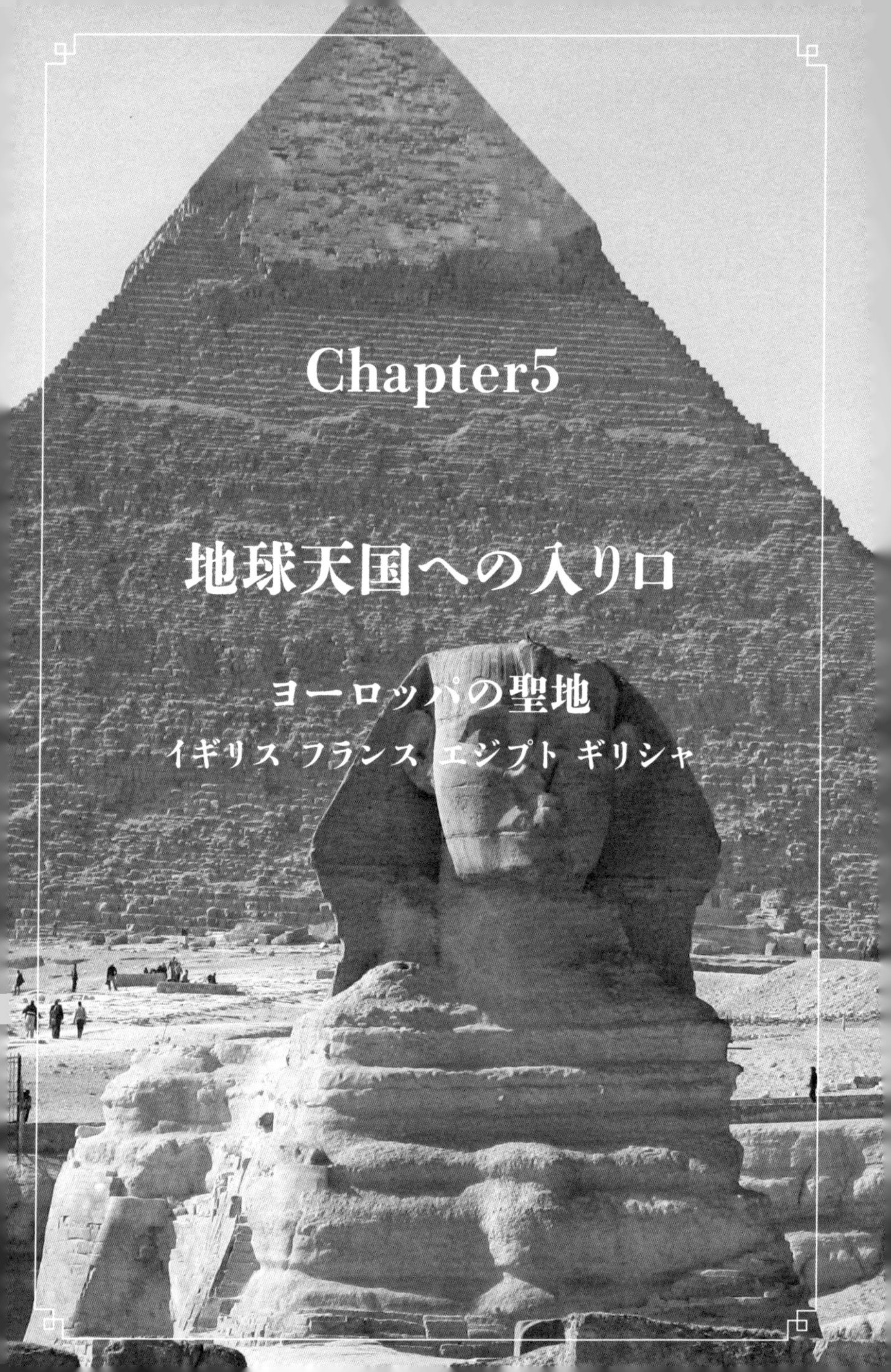

Chapter5

地球天国への入り口

ヨーロッパの聖地

イギリス　フランス　エジプト　ギリシャ

健康／自己愛／パートナーシップ

イギリス グラストンベリー

目的：□ハイヤーハートを活性化し、免疫を高める　□自己愛を高める
□自分自身と真のパートナーシップを結ぶ　□愛ある言葉を発信できる
光のマスター：イエス・キリスト、マグダラのマリア

心臓と喉の間にある胸腺には、ハイヤーハートという場所があります。いま、地球天国では、ハイヤーハートが大事だと言われています。なぜかというと、ハイヤーハートは、免疫センターであり、免疫をアップさせるとともに、肉体を進化させる振動数をもっているからです。

地球天国を生きていくにあたり、私たちはハイアーセルフと頻繁にコンタクトするようになります。その情報は、まずハイヤーハートで受け取ります。それからハートチャクラ（心臓）に流れます。そして、ハートチャクラが開き、その振動数がハイヤーハート、そして喉のチャクラへと上昇し、愛と優しさに満ちた言葉となり世の中に広がっていくという循環があるのです。

ハイヤーハートが活性化されると、免疫という現実の体の状態をアップグレードするだけでなく、すべての存在に対して、周波数の高い言霊を発していくことが可能になります。

そのハイヤーハートを活性化する場所といえば、イギリスの聖地、グラストンベリーです。

グラストンベリーにあるトールの丘という場所は、13チャクラシステムで地球の第7チャクラになり、ハートチャクラの役目を司っています。

トールの丘は、地球の龍脈、レイライン上にあります。イギリスには複数のレイラインがありますが、グラストンベリーは複数のレイラインが通っていると言われ、中でも、ストーンヘンジなどの強力なパワースポットが属するセント・マイケルズ・レイラインと聖マリアのレイラインが存在しています。この2つのレイラインが交差しているところがトールの丘の頂上です。そこには、「聖ミカエルの塔」が遺されています。このポイントは、男性性と女性性のレイラインが融合しているパワースポットです。

ここで今回私たちに手を差し伸べてくれているグラストンベリーの光のマスターは、イ

聖ミカエルの塔

エス・キリストとマグダラのマリアです。

イエス・キリストも、マグダラのマリアも、キリスト教の信仰の対象と一般的には認識されていますが、二人とも愛の伝道師であり、光のマスターになりました。ですから、あなたがキリスト教信者であるかどうかは関係なく、誰でもつながることができますし、真実の愛の振動数を地球にもたらしてくれている存在です。

マグダラのマリアは、聖書には詳しいことは書かれていませんが、キリストと同時代に生き、布教活動をした女性です。信仰によって聖人とみなされたり、罪深い女とみなされたり、解釈はさまざまありますが、魂レベルでは、キリストとツインフレーム、パートナーとみなしています。

イエス・キリストとマグダラのマリアは、パートナー同士の魂は対等であることを知ったうえで、パートナーシップを育みアセンションしました。自己愛もあるし、相手への愛もある。「愛し愛され」と言いますが、真実の愛を循環させるためには、深い自己愛と慈愛とともに、すべてが愛である世界に目覚める必要があります。

真実の愛に関わることであれば、彼らはいつでも私たちをサポートしてくれます。

真実の愛に目覚める「聖なる結婚の儀式」のワーク

①グラストンベリーのトールの丘のてっぺんに立つ、聖ミカエルの塔を訪問する。

「聖ミカエルの塔」は、もともとそこに建っていた教会の名残で、屋根の抜け落ちたこの塔が残骸として残されています。塔の周辺は、寝そべったり、瞑想をしたり、思い思いに過ごせる草原が広がっています。あなたが落ち着ける場所を見つけたら、イエスキリストとマグダラを招きましょう。

「**この地とご縁をいただき感謝します。**

神聖なる私の名において、いま私のいるこの空間に、イエス・キリストとマグダラのマリアを招きます」

ふたりがあなたの目の前にやってきたら、ハイヤーハートを活性化するためにサポートをお願いしましょう。こんなふうに伝えてみましょう。

「私は高次元の存在、そして人類、この地球の共同創造主として、いまここに存在します。私のすべてを統合し、ハイヤーハートを活性化します。サポートをお願いいたします。ありがとうございます」

②チャリスの井戸で聖なる結婚の儀式を受ける。

ミカエルの塔のすぐ隣には、「チャリスの井戸」という名を持つ美しい庭園があります。イギリスらしい自然美を讃えた、植物の精霊がたくさん集まる庭園です。そこへ移動しましょう。

チャリスの井戸は、キリストとマグダラのマリアが聖なる結婚の儀式を挙げた場所であり、「キリストの血を受けた聖杯が埋まっている」という伝説があります。

この聖地で、実際に二人から、ハイヤーハートのアクティベーションを受けることができます。

チャリスの井戸からは、実際に血液を思わせる赤い水が湧き出ているのですが、それは、その土地が高度の鉄分を含んでいるためです。その湧き水は2000年以上尽きることなく流れていて、非営利団体によって大切に守られています。チャリスの井戸には格子がはめられ、直接水に触れることはできませんが、その数メートル手前に「ライオン・ヘッド」と言われる取水口があり、水に触れたり飲むことができます。

その水に触れたり、飲んでみたりしたらどんな感覚になるか、イメージしてみましょう。

そして、チャリスの井戸の周辺であなたが心地よいと感じる場所に座り、静かに目を閉じてみてください。二人は独自のフォーメーションで儀式をしてくれます。

あなたの前にマグダラのマリアが、後ろにイエス・キリストが立ちます。

マグダラのマリアが前からハイヤーハートに手を置いてくれます。

イエス・キリストは背中側からハイヤーハートに手を置いてくれます。

二人の無条件の愛の光が、あなたのハイヤーハートを直撃し、滞りを溶かします。

人によって感じ方は違いますが、胸腺のあたりが温かく光に満ちて活性化したり、どんどん熱量が上がってくるように感じることもあるでしょう。

この聖地で彼らと交流すると、2本のエネルギーの光の柱が天空から並んで降りてきて、頭上から自分の中を貫き、ハイヤーハートのところが温かく光で満たされたように感じたりします。

このアクティベーションは、単にハイヤーハートを活性化するだけではなく、自分の男性性、女性性のパートナーシップを統合するという、聖なる結婚の意味も持っています。

その儀式を受け取ることでの一番の成果は、自分とのパートナーシップがより改善されることです。

自己愛が深まり、「自分は自分を愛している」そして、「自分は他者やこの地球、高次元の存在からも愛されている」。その両方のバランスがとれるようになります。そうすると、現実で、目の前にいるパートナーとの関係が改善することもよくありますし、パートナーがいない方や、パートナーがいたとしても、いつもダメンズにひっかかってしまうとか、大切に扱われないとか、気づいたらトラブルに巻き込まれるといったような状態から抜け出すきっかけになったりします。

恋愛や夫婦間のパートナーシップに限らず、仕事相手であったり、異性とのコミュニケーションやパートナーシップに自信がない、難しいと思っている人は意外と多いものです。

しかし、このアクティベーションを行うと、誰が相手であっても、パートナーシップが改善しやすくなります。それは、自分がパートナーシップを受け取るに値する人間だと思い出して、自分への価値評価が高まるからです。

キリストとマグダラのマリア、2人がいま私に告げているのは、地球天国では、男性・女性という性差というものは、いい意味で無くなる、と。

あなたは、男性だから、女性だからという意識から抜け出して、互いにエネルギーバランスを補い合える相手と真実の愛を通してパートナーシップを築くことができるでしょう。

あなたのハイヤーハートはつねに活性化し、ハートが本当に望むことを互いが感じ取って、「与え与えられる」というエネルギー循環の中で、パートナーシップが育まれていくのです。

③光のマスターに感謝を伝える。

「真実の愛に目覚める『聖なる結婚の儀式』のワークをありがとうございます。

このご縁に感謝します。これからもあなた達と私は、共同創造主として働きをしていきます」

豊かさ／恐れを手放す／行動力／美容

エジプト スフィンクス&ギザのピラミッド、イシス神殿、ハトホル神殿

目的：□無限の豊かさと富を創造する　□錬金術師になる　□明晰性を得る
□前に進む勇気　□行動力が増す　□リーダーシップ　□ヒーリング
□美しくなる
光のマスター：ラムセス2世、ソベック神、ホルス神、女神イシス、女神ハトホル

具体的な理由はわからないけれど、「なぜか惹かれる」「なぜか気になる」。そんなふうに思う場所は、あなたの魂が呼ばれている場所です。私は世界中の聖地でリトリートを行っていますが、その中でもエジプトは特に「呼ばれた気がした」と参加される方が多い場所です。

エジプトには大いなる豊かさの原点があります。私たちは、みな本来、無限の豊かさを持つ存在です。

多くの人がエジプトに惹かれる理由は、地球が大きく周波数を上げているいま、人類が豊かさの概念を大きくシフトするときだからかもしれません。

いま変化・変容が、いたるところで始まっています。エネルギーの大きな切り替わりを迎えることで、これまでと同じやり方をしていては、短期的には機能しても、この先を生き抜くためには、不十分かもしれない、とあなたも感じているかもしれません。

私は2011年から毎年のようにエジプトに呼ばれているのですが、豊かさについて、光のマスター、ラムセス2世から受け取ったメッセージがあります。

「いよいよ人類すべてが、この宇宙の応援を受け取るに値する器を持って、無限の豊かさを取り込むときが来たのだ」

不透明な世の中が続く中で、これまでは、どんなにお金の勉強をしてもうまくいかなかったかもしれない。それは、潜在意識や多次元的な意識の領域の中に、ほんとうの豊かさへのつながりを阻む課題があるからなのです。

安心してください。いまは、そういった無意識レベルの課題を浄化しやすいタイミングです。

そして、豊かさは必死に求めるものではなく、すでにあなたの中にあるもの。その真実を、あなたの細胞やＤＮＡレベルで引き出していきましょう。そのエネルギーがエジプトにあります。

観光で、エジプトのピラミッドやスフィンクスを訪れると、「権力を表してるからですよ」と説明を受けたりすると思います。確かにそういう一面もあるかもしれませんが、決してそれだけではないのです。

ファラオたちは、光のマスターになっていることも多いですが、交信すると人類の無限のパワー、生み出す力を通してアセンションしているのがわかります。

つまり、魂の本質的なところから見ると、すべての人に等しく無限のパワーがあることを伝える存在であるということです。そして、その無限のパワーをあなたがどのように地球天国で形にしていくか。その道を開き、行動に移していく応援をしてくれる存在です。

エジプトの4か所の聖地をご紹介しますが、この地は、聖地によって導く光のマスターが違います。パワースポットという磁場のエネルギーのみならず、神々それぞれの役割がはっきりしている。神々と地場との連携の力が強いと感じる場所です。

1．スフィンクス&ギザのピラミッド

クイーン・オブ・エジプトワーク　真の豊かさとつながり、富の周波数を増幅する光のマスター　ラムセス2世

真の豊かさというものにアクセスするためには、スフィンクスのエネルギー、そしてピラミッドとつながりましょう。

このパワースポットに私たちを導いているのが、ファラオの中のファラオといわれるラムセス2世です。

エジプト第19王朝のファラオ・ラムセス2世は、古代エジプトの領土を最大にし、武勇と治世によって60年以上にわたり、統治したとされる人物です。

人間の可能性を広げ、人類の生命と創造性のパワーの豊かさを私たちに伝えて、自分の豊かさと共鳴し、自分は常に無限の豊かさを受け取るに値するという意識にシフトします。

①スフィンクスを訪問する。

スフィンクスのハートのところにある石碑の前に立ちます。この地へ招かれたことに感謝を捧げ、ラムセス2世を招きます。

「この地とご縁をいただき感謝します。

神聖なる私の名において、いま私のいるこの空間に、ラムセス2世を招きます」


スフィンクスの胸の前の石碑は黄金の扉で、観音開きに開きます。

スフィンクスの体は通路になっています。向かって右のスフィンクスの足から入り、左足に抜けてゆっくりと一周歩きましょう。

この通路には、アカシックレコードからすべての豊かさが自分の中にあることを思い出させてくれる情報が降りてきます。


あなたがお金にしても、仕事にしても、失うことや未来にまつわる不安をもっているときというのは、あなたが本来持っている無限の豊かさから離れているだけです。そして、不安や恐れのほうに意識を向け続けて、不足の世界、豊かさが足りないと感じる世界が自分の世界だと信じて創り上げてしまいます。それは錯覚です。あなたがどこに意識を向けているか。それに気づくと、物事は全然違った展開になっていきます。スフィンクスのエネルギーを受け取ることで、あなたは尽きることのない豊かさの流れにいることをいつでも思い出しましょう。

②次にクフ王の巨大ピラミッドを訪問する。

スフィンクスで思い出した自分の中の無限の富のエネルギーを増幅させる場所があります。ギザにあるクフ王のピラミッドです。ギザの大ピラミッドは、地球の13チャクラのひとつで、人の体でいうと第3の目にあたります。

クフ王の巨大ピラミッドの中で、「クイーン・オブ・エジプト」のエネルギーをアクティベートする儀式をイメージしましょう。

*

クフ王の『王の間』の石棺の中に横たわり、思う存分瞑想します。

その石棺から出たとき、あなたは「クイーン・オブ・エジプト」男性は「キング・オブ・エジプト」になっている、そうイメージしてください。

自分にはすべての富や豊かさがあり、自分は価値のある人間であることを思い出すことができるでしょう。

*

エネルギーレベルでエジプト文明の豊かさを受け取ると、衣食住の豊かさ、人との出会い、必要な情報や物とのつながりなどがスムーズになり、あなた自身がバージョンアップされることでしょう。

私のリトリートでは、スフィンクスやクフ王のピラミッド、イシス神殿を貸し切りにして、神聖な儀式を行うことが多いのですが、ピラミッドというところは、入った前後でみなさんの顔つきが一番変わる場所です。自信に満ち溢れ、いきいきとして、めちゃくちゃ元気になります！　一度体験すると、それ以降も日常でピラミッド・パワーを呼び覚ますことができるようになり、無限の豊かさが定着するとともに、つねにアクティベート（活性化）する状態になります。

③光のマスター、ラムセス2世に感謝を伝える。

「真の豊かさとつながり、富の周波数を増幅するワークをありがとうございます。このご縁に感謝します。これからもあなた達と私は、共同創造主として働きをしていきます」

2. イシス神殿（フィラエ神殿）

地球天国の錬金術師になるワーク
光のマスター　女神イシス

古代エジプトにおける有名な女神イシス。イシスは、兄であり夫のオシリス神とともに

豊穣の神として扱われ、神話の中では、かつて民に農耕を教えたともされています。エジプト内外で絶大な信頼を集める女神です。
　女神イシスを祀ったイシス神殿は、イシスが天空と太陽神ホルスを産んだ神聖な場所とされています。女神イシスは信仰の対象として崇められ、人々はイエスの母マリアの姿を重ね、神殿は聖地であり続けました。

　女神イシスは、無から有を生み出す錬金術を操ることができ、エジプトの神官たちに伝授していました。
　また女神イシスは、太陽と天地創造の神ラーに非常に愛されていた女神でもあり、イメージでいくと、天照大御神と共時性があります。太陽神の象徴という側面もあるのです。同時に、豊穣の女神ということで、女神イシスと交信すると、真に自分が豊かな存在であることを思い出し、とどめなく豊かさが循環するようになります。

クレオパトラ7世は女神イシスを崇拝していて、「私をイシスと呼びなさい」と言っていたほどなのですが、イシスの本質は「美」そのものです。人や物との出会い、情報、お金、ギフト、新たなチャンス、すべてが豊かで美しい、潤沢な恵みの象徴です。

誰もが魂の中に女神イシスの錬金術の記憶をもっています。

あなたが女神イシスとつながることで、あなたの魂に封印されていた、錬金術を復活させることを意識してみてください。

①アスワンから船で、イシス神殿へ向かう。

列柱が並ぶ美しく大きな神殿は、何度見てもため息がでるほど壮観な眺めです。島へ着いたら、この地へ招かれたことへの感謝を捧げ、女神イシスを招きましょう。

「この地とご縁をいただき感謝します。

神聖なる私の名において、いま私のいるこの空間に、女神イシスを招きます」

イシス神殿には、古代エジプトでは選ばれし神官のみしか入れなかった「女神イシスの聖域」があります。そこで、女神イシスの錬金術を思い出すアクティベーションを行いましょう。壁一面に神話のレリーフが刻まれた神聖な空間です。

*

膝をついて座り、女神イシスとともに地球天国の創造主として生きる世界がイメージできたら、宣言してみましょう。女神イシスとともに生きるということは、あなた自身が地球天国の錬金術師になっていくということです。こんなふうに伝えてみましょう。

「私は地球天国において、自分の才能を生かし、無形の状態から、思いもよらないほど素晴らしい世界を創造します。サポートをお願いします。ありがとうございます」

たとえば、「ヒーラーとして生きていく」「○○の会社を経営する」など、より具体的な方向性が決まっているのであれば、そういった内容を盛り込んで誓いを立てましょう。

女神イシスは、意思を持った人に対して、錬金術の書かれた「イシスの魔法の書」をインストールするかのように伝授してくれます。しばらく瞑想を続けましょう。

「イシスの魔法の書」は、形には見えませんが、すべての人々に門戸が開かれていて、あなたの自由意志によって、エネルギーを受け取ると、現実で具現化するパワーになります。そのあなたの貢献は、人類の次元上昇に非常に役立ちます。

②光のマスター、女神イシスに感謝を伝えましょう。

「地球天国の錬金術師になるワークをありがとうございます。このご縁に感謝します。これからもあなたと私は、共同創造主として働きをしていきます」

3．ハトホル神殿

女神ハトフルの愛と豊かさのヒーリング
光のマスター　女神ハトホル

エジプト中部のデンデラという町の郊外に、豊かさ、愛と喜びを司る女神ハトホルに捧げられている神殿があります。

女神ハトホルは、ヒーリング、豊かさ、音楽、舞踏など、愛と美の女神として、存在しており、金星の女神ヴィーナスとたいへん縁が深く、いつも共同創造していて、ハトホル神殿には、ヴィーナスも降りてきています。

ハトホル神殿で女神ハトホルとつながると、自分自身の美しさや創造性、癒しの力といったものが開花して、地球天国に美しい世界をもたらすことができるようになります。

根源的な生命エネルギーを活性化させてくれるので、体や心が爽快になり、細胞から若返らせるパワーもあります。

「今日はデートだからハトホルの愛と美のエネルギーを使おう」というように、気軽につながってエネルギーチャージするような使い方をすることもできます。

女神ハトホルは、ヒーラー中のヒーラーというべき存在です。女神ハトホルの神殿には神秘学校があったことは明らかで、エナジーワーク、占星術、タントラワーク、サウンドヒーリングなどあらゆることがここで生まれ神官に教えられていました。ですから、そのようなスピリチュアル関連のお仕事をしている方やお好きな方はもちろんのこと、地球天国においては目に見えないパワーが見える化してきて、これまで以上に受け入れられ、必要とされてきます。たとえば、人を見たときに「この人はオーラが違うな」というようなことを誰もが当たり前に感じるようになったりする。各家庭レベルでも、一家にひとりはヒーラーといっていいほどエネルギーを日常で使いこなす人が増えてきます。そして、自分で自分を癒やし、家族や大切な人を癒やし、より美しい地球を創造できるようになるでしょう。

①ハトホル神殿を訪問する。

神殿の前に立ち、ご挨拶しましょう。

「この地とご縁をいただき感謝します。
神聖なる私の名において、いま私のいるこの空間に、女神ハトホルを招きます」

この神殿は外壁も内壁も、実に見ごたえのあるレリーフが残されています。中でも、屋上の祠堂の天井には、エジプトの起源を想起させる「黄道12宮」が築かれています。

数千年前、ハトホルの神官や女司祭が集い、祝った部屋、ハトホルの神殿で、女神ハトホルとつながりましょう。

美しさ、癒しの力、楽しさ、笑い、感動といったものを地球天国にもたらしたいと思ったら、女神ハトホルにこんなふうに宣言してご縁をいただきましょう。

「私は自分の内なる癒しの力を開花し、地球天国で多くの人々の美と癒しに貢献すると決めました。サポートをお願いいたします」

②女神ハトホルと音でつながる。

女神ハトホルとつながるツールがあります。それは「音」、自分の声です。あなたの声に女神ハトホルの最高の癒しの振動数が共鳴して、エネルギーチャージしてくれるヒーリングワークをしましょう。実際にやってみてください。

＊

ハトホルの神殿の中にいるイメージで、その振動数をハートで感じながら、「あいうえお」の母音を響かせます。

「あー」「いー」「うー」「えー」「おー」と声に出すと、自分にとって心地よい音がわかります。

「あ」であれば、「あーーーー」と繰り返し声に出してみてください。母音をいくつか組み合わせてもかまいません。

音をしばらく出していると、そこに共鳴してハトホルがエネルギーをチューニングしてくれます。エネルギーが十分にチャージされたら、ちょっとお腹いっぱいになった感覚に似ていますが、終わりましょう。

＊

あなたの声は、女神ハトホルにより最高の癒しの振動数を持ちました。日常でも、あなたが実際に音を放つことで、空間のエネルギーを変えることができたり、声を出しながらマッサージしたり、植物に水を上げたりすると、ヒーリング効果が高まります。楽しんで使ってみてください。

なお、実際にハトホル神殿に訪れた際、現在、ハトホルの神殿は私語厳禁になっていて音を出すことはできません。遠隔だからこそできるヒーリングになります。

③女神ハトホルからクンダリーニの活性化を受け取る。

ハトホルの神殿の中に、クリプトといわれている小さな部屋があります。クリプトは、納骨堂という意味ですが、実際には男女の聖なる性のストーリーのレリーフが残されている場所です。そこへ行くと、自分の高次元のクンダリーニを活性化することができます。

＊

左右の壁画の中に葉っぱの模様をしたレリーフがあります。それに触れるイメージをしてください。

実際に深い呼吸を3回しましょう。口から吸って口から吐くというやり方をしてください。これで、十分に活性化されます。

＊

クンダリーニは心身を生かす生命エネルギーです。背骨に沿ってあるチャクラを交差して、らせん状に交わりながら循環しています。クンダリーニを活性化すると、元気な体になるだけではなく、自分の無限の可能性を引き出せるほどのエネルギーがチャージされます。オーラやチャクラのバランスを調整してくれて、自分の心も思考も、健全に働くようになります。睡眠もよくとれて、心底パワフルになれます！

④光のマスター、女神ハトホルに感謝を伝える。

「愛と豊かさのヒーリングをありがとうございます。

このご縁に感謝します。これからもあなた達と私は、共同創造主として働きをしていきます」

喜び／自由／解放／デトックス

ギリシャ サントリーニ島イアの町

目的：□愛と歓喜に満ちた人生の創造　□好きなものに囲まれる
□自由に楽しく生きる　□一瞬一瞬を大切にできるようになる
□オープンハート　□制限を外す
光のマスター：セントジャーメイン、ヒラリオン

青い空と海、白い建物のコントラストが美しいギリシャの街並みに心奪われた経験がある人は多いのではないでしょうか。

私は白に包まれるこの地にいると、心の奥底から浄化されて、本当の想いや願いがクリアに現れてきます。そして、この地のもつ高周波の愛と歓喜に満ち溢れたエネルギーが本当の望みの実現へと後押ししてくれることを感じます。

実際に、ギリシャは歓喜のエネルギーに満ちたパワースポットです。アトランティス時

代の歓喜の光の神殿は、ギリシャのサントリーニ島に残されています。

地球天国で、好きなことをしながら歓喜の体験を重ねて自分を輝かせたい、自分と同様に好きなことを、好きなときに、自分らしく行っている人たちとつながって豊かな人間関係を育みたい、と思うのならギリシャのエネルギーとつながってみましょう。

ギリシャの島々は、もともとアトランティス大陸の一部でした。アトランティス文明の崩壊とともに大陸が海底に沈んでしまいましたが、その後、海底火山の噴火とともに、島々が再び古代ギリシャ文明とともに甦ったといわれています。

いま地球に生を受けた人の多くは、その魂に、アトランティス時代に体験した悲劇や悲惨な体験で刻印した、恐れ・罪悪感・

悲しみ・恨みを持っていることが多いものです。

ここ数年、その分離の意識を根こそぎ浄化して、レムリアの愛と歓喜のエネルギーとの統合を助けてくれる動きが地球レベルで起きています。

いまカルマフリーになる周波数に、私たちは見舞われています。たとえば、「みんなが自由に自分らしく自分を表現しているのに、自分はできない」「幸せを感じながらも、このままでいいのか不安になる」「自分が幸せになったら妬まれるのではないかと恐れを感じる」「時間もお金もなくてできない」などという自分に対する制限がある。または「水が怖い」「火が怖い」といった、理由はわからない恐怖症を抱えている。「虐待にあった」などのトラウマがある。それらは、いま解放されていく段階にきているのです。

あなたがいまいる場所で、それらを愛と歓喜に満ちたエネルギーにシフトするために、手を差し伸べている光のマスターが二人います。セントジャーメインとヒラリオンです。二人のコラボヒーリングのパワーを受け取りましょう。

セントジャーメインは肉体を持っているとき、「サン・ジェルマン伯爵」として、この地球に存在していました。幅広い学問に秀でていて、特に錬金術を得意とし、金や宝石、不老不死の秘薬などを作っていたとされますが、生い立ち、入没、仕事などすべてのことが謎に包まれている人物です。

あなたが無意識で創ってしまった地球での、あらゆる制限や思い込み。過去性からカルマを焼き尽くし、真実の人生を生きる、サポートを行います。

ヒラリオンは、ギリシャにミステリースクールを設立した存在。4世紀のパレスチナに生を受けヒーラーとして人々の病を癒しました。「伝説のヒーラー」として知られ人々の病を癒し乾いた大地に恵みの雨をもたらした、と言われます。一瞬で人を根底から癒す力を持ち、それは、〝奇跡〟と呼ばれるほどの力です。

アセンションし、光のマスターとなったいまも私たちの「天賦の癒しの力」を目覚めさせるサポートをしています。

私自身も、ヒーラー、チャネラーとして、彼とエネルギーのサポートを深めています。ギリシャの土地がもつパワーを通して、ヒラリオンのエネルギーと交信することで、強力な高次の存在の波動を受け取り、喜びのエネルギーと共にある現実を歩いていけるでしょう。

愛と歓喜に満ちたエネルギーを受け取るヒーリング

エーゲ海に浮かぶ三日月型の島、サントリーニ島の北部先端にあるイアの町は、青いドーム屋根の教会、真っ白い壁の建物が連なる、ギリシャといえば誰もが思い浮かべるであろう景色が存在する場所です。

イアの町を歩いているだけで、この地のもつ歓喜のエネルギーによって、あなたは自分を表現する喜びや、楽しさを人と分かち合う喜びを思い出せる場所です。

①イアの町を訪問する。

イアの町は白い迷路に紛れ込んだような気分になるところです。青いドーム屋根の教会を目印に街を散策したら、海沿いの崖のほうに行ってみましょう。きっと静かなスポットが見つけられます。地中海を眺められるお気に入りの場所を見つけたら、光のマスター、セントジャーメインを招きましょう。

「この地とご縁をいただき感謝します。神聖なる私の名において、いま私のいるこの空間にセントジャーメインを招きます」

②セントジャーメインによるバイオレットフレイム（紫の炎）のヒーリングを受け取る。

セントジャーメインのバイオレットフレイムは、あなたの中にある不安や恐れを愛と行動のエネルギーに変容させてくれます。

＊

紫の炎をイメージし、あなたの体の中、そしてオーラ中、いまいる空間にバイオレットフレイムを流してください。

バイオレットフレイムに包まれながら、あなたがもっている制限や不安、恐れについてセントジャーメインに話してみましょう。たとえば、

「○○さんが苦手で、気ばかり使って正直に腹を割って話せません。目の前にするといつも手に汗をかいて、言葉が出てこなくなります」

「お母さんとうまくいきません。話がまったく合わず、会うとケンカになるので、実家にも帰っていません。私は冷たいのでしょうか」

というふうに具体的に状況を説明してみましょう。胸の中にあることを、ひとつ残らず話しましょう。このワークをする前にノートなどに書き出しておいてもよいでしょう。

セントジャーメインのバイオレットフレイムは、不要な感情を透明化し、愛に変換してくれます。

セントジャーメインに伝えたことで、スッキリしたと感じる人、「私は大丈夫」と安心感を思い出す人もいるかもしれません。

③浄化を終えたと思ったら、セントジャーメインに感謝の言葉を伝える。

「私は私の人間関係における、さまざまな意識を愛に変換しました。ありがとうございます」

④光のマスター、ヒラリオンを招く。

続いて、ヒラリオンとつながりましょう。

ヒラリオンの役割は、深い癒しの光をもたらすことです。

その光は、あなたが気づいていないこと、無意識のうちに閉ざしている部分まで余すところなく照らし、癒してくれます。さらに、現実で楽しさを享受し、うれしい体験をどんどん受け取れる自分になるよう歓喜と行動が結びついたエネルギーに変容してくれます。あなたが本当に自分のハートを開いて、愛の世界で喜びを感じ取ることができるようになるのです。さあ、ヒラリオンを招きましょう。

「神聖なる私の名において、いま私のいるこの空間にヒラリオンを招きます。ご縁をいただきありがとうございます」

そして、ヒラリオンに、あなたの進化を阻んでいる感情をクリアにし、自分は愛と歓喜を表現して生きることを、こんなふうに宣言してみましょう。

「あなたのヒーリングを通して、私が、自分自身を神として表現することができない、その理由をすべてクリアにしてください。そして私は完全に愛であり、地球天国の仲間と歓喜を分かち合って生きることを選びます」

⑤オーラとチャクラのヒーリングを受け取る。

ヒラリオンのヒーリングは2段階あります。1段階目は、オーラのヒーリングです。

あなたのオーラには、人から見た「あなたってこんな人」という印象や思いがのし紙のように貼りついています。たとえば、あなたは「気が弱い」「話下手」「暗い」「いつも焦っている」「ずるい人」というようなことがペタペタ貼られていて、本来の自分らしさを発揮する邪魔をしていることがあるのです。もちろん「優しい」「頭の回転が早い」といったよいのし紙もありますが、ヒラリオンのオーラヒーリングで、一度ニュートラルな状態に戻します。そして、あなたの神としての本質のエネルギーが満ちているオーラの状態へと戻します。

＊

ヒラリオンは、あなたをエメラルドグリーンの光のボックスの中に入れてくれます。このボックスの中は、四方八方からエメラルドグリーンの光線が飛び交ってあなたのオーラについた余計なものを溶かしていきます。

＊

オーラレベルのヒーリングが終わったら、２段階目の全身の全チャクラに付いているあなた自身の不要な信念を溶かすヒーリングに移行します。

「私は人を信じない」「私は人前で話すがの苦手」「私はＳＮＳが嫌い」「批判されるのが怖い」というような、自己表現に対するコンプレックスだったり、苦手意識を払拭してくれます。

心配しなくても地球天国は、言葉を介さずしてコミュニケーションが可能になりますし、自分らしさの表現はいろいろな形で叶えることができます。ヒラリオンは、あなたが自分を表現することを後回しにしないようにサポートをしてくれます。

*

エメラルドグリーンの光にゴールドの光が加わり、あなたのチャクラめがけて光線が飛び交います。

まるで宝石のシャワーを浴びているような、高揚感があり気持ちがよいものです。表現に関係するハートや喉のチャクラなどに、詰まりがあると大きな滞りがとれたように感じる人もいるでしょう。

⑥ヒラリオンがヒーリングを終えたら、感謝を伝える。

ボックスの中のエメラルドグリーンとゴールドの光線が消えたら、ヒーリング終了の合図です。終了のタイミングは、人によって違いますが、自分の声を出したくなったり、誰かに会いたくなったり、歌を歌いたくなったりする人が多いです。

最後に光のマスターヒラリオンに感謝を伝えましょう。

「光のヒーリングをありがとうございます。このご縁に感謝します。これからもあなたと私は、共同創造主として働きをしていきます」

⑦「好きなこと」「苦手なこと」を声に出していってみる。

誰かが目の前にいると思って、自分が表現したいこと、自分が地球天国にいる人に伝えたいと思っていることを、具体的に声を出していってみます。

文章にすることが難しかったら、好きなことでかまいません。

「私はコーヒーが大好き」「私は旅行が大好き」「私は本が大好き」という具合です。

次は、苦手なことを同様に声に出して言ってみましょう。

「私は書類作成が苦手なんです」「私は片づけが苦手なんです」というふうに口に出してみます。どんなふうに伝えましたか？

あなたが苦手なことを伝えたとしても、伝え方に愛があれば、実は何も問題なくて、「どのあたりが苦手なんですか？」「一緒に片付けましょうよ」というふうに、話が愛ある展開をしていくのが地球天国です。

それを想像してみてください。

「嫌いだから絶対やりたくない」「私はノータッチです」と、つながりを切ってしまうのがこれまでの分離の社会でした。もしくは、苦手なことも我慢してやりきることがこれまで求められた社会でした。しかし、これからは互いの気持ちを尊重しながらやっていくことで互いが進化できるようになるのです。

二人の光のマスターのヒーリングの効果が現れていると、現実でも愛あるコミュニケーションがすんなり成り立ち、喜びの多い時間を創造していけるでしょう。

付録

地球天国へ！

ライトワーカー トレーニング

聖地巡りのほかに、ふだんの暮らしの中で、
地球天国へ向かうあなたがどんな意識で過ごしたらいいか。
次元上昇の波に乗っていくために必要なポイントを
具体的にまとめておきましょう。

トレーニング①
自分に優しく
人に優しく

どうぞあなた自身のことを大事にしてください。自分の生命を守る。そして、慈しむことです。

「朝日を浴びながら深呼吸」「植物や動物など自然に触れる」「塩を入れたお風呂にゆっくり浸かる」「ビタミンたっぷりのフレッシュジュースをいただく」「瞑想をする」など、自分の体の細胞が、内側から生き生きして喜ぶことをしてあげましょう。

自分のことを大事にすることを続けていると、愛の振動数が高まって、あなたの免疫システムが底上げされます。

人のために力を貸してあげること、利他の心で行動することはすばらしいことですが、自分を犠牲にしていては長続きしませんし、自分はどんどん消耗してしまう。

まずは自分を大切に扱うことです。自分が満たされて、完全に自分という愛の存在につながった状態になってこそ、他者のことを思ったりサポートすることができます。


新型コロナの恩恵として、人類が、一人ひとり、個々を見つめ直す時間が増えたことがあったと思います。命の大切さに改めて気づき、自分というものをさらに深めていく時間と共に、他者についても思う。

自分に優しく、人に優しく、そして、自分に調和し、同時に自分軸というものを持つ。愛を持って人と関わることを、いま私たちはトレーニングされているのです。

命の大切さ、ここに命があることに大いに感謝すること。一瞬一瞬この命があるからこそ、朝目覚めることができ、食事をいただくことができ、本を読むことができる。一つひとつの行為を、自分を大切にすると思って、丁寧に丁寧に行ってみましょう。

トレーニング②
未知なるものを前にしたときこそ愛の視点でみる

コロナ禍において私たちはソーシャルディスタンスを実践し、人と直接的に関わらないことを推奨されてきました。ステイホームで必然的に家にこもることも増え、孤独を覚えたり、鬱っぽい症状を感じたりした人もいたかもしれません。しかし一見、表層的に分離されているように見える状況であっても、私たち人間の意識は完全につながっていて、あなたの愛は時空を超えて周りに伝わっているものです。

瞬く間にリモート化が進み、職場に出かける回数が減ったとしても、仲間とリモート飲み会やお茶会をするようになったりして、人々は会えなくなってもつながろうとしましたよね。これは、まさにこれから地球天国を創っていくプロセスの中で、人間愛というものが軸にあるからです。

この先、テクノロジーはさらに進化し、これからはどんなコミュニケーションの場でも、ＡＩの存在が欠かせないものとなるでしょう。「ＡＩによって職を奪われる」など、ＡＩを恐れるメディアの記事があったりもしますが、安心してください。ＡＩにどれだけ人間の叡智を集結したとしても、神である人間がつくり上げた意識のネットワーク網の中に完全に入ることはできません。

やがて人間の誰よりもインテリジェントなＡＩが現れることがあっても、源が創り出した私たち人間の愛や創造力や直感というものをＡＩは持ちえないのです。

それに、ＡＩを創り出している科学者たちは、人々を陥れようとしてＡＩを開発しているでしょうか。もっと私たちの暮らしが楽になるように、豊かになるように、心血を注いでまるで一つのアート作品でも創り出すかのように愛情を込めて研究している人のほうが多いでしょう。

ＡＩは、恐れるものではなく、愛に溢れ私たちをサポートしてくれる存在です。自分にとって未知なるものを前にしたときも、恐れではなく愛の視点から見てみましょう。

トレーニング③
新しい時間の使い方は、共同創造のレッスン

新型コロナによって、私たちは新たなライフスタイルを模索しなければならなくなりました。

今まで日々オフィスで仕事をこなしてきた人にとって、仕事と私生活のバランスを取るのが難しくなっているという意見も聞きます。特に小さな子どもがいる家庭では、仕事、家事、育児の最適なバランスを見つけ、実行するのは大変だと。

家事をしながら仕事をして生産性が下がり十分な仕事ができていないことや、感情のコントロールが上手にできていないことや、子どもとの大切な時間を過ごせていないことへの罪悪感に苛まれている人、テレワークによりオンオフの境目がなくなってしまい、精神のバランスを崩した人もいたかもしれません。

ただこれは一時的なことで、このパンデミックが収束し、元の社会に戻るかといったらそうではありません。

私たちのライフスタイルの変化は、地球天国を見据えた共同創造がすでに始まっていることを意味します。事態の収束もさることながら、新たな時間の使い方に、一人ひとりが取り組むチャンスなんです。

9時5時のワークアワーから自由になって、子どもがお昼寝した1時間に集中して仕事をこなすのだっていい。朝5時起きて家族が起きる7時までの2時間の間に午前中の仕事をあらかた済ませることも可能かもしれません。子どもの成長を日々感じながら自分のキャリアをデザインすることができるとも考えられるのです。

トレーニング④
嘘に敏感になる

自分を大切にして、内なる神とつながりながら生きるようになると、同時に、真実ではないものに対しても、とても敏感になっていきます。

たとえば、建前で付き合っていた友人関係は続かなくなったり、仮面夫婦は、コロナ離婚するようなこともあるでしょう。

なぜならば、あなたが自分の中の内なる神につながって、自分の命を大切にすればするほど、真の愛を実感し、相手との間にはそれがないこと、偽りの愛を続けていても、自分も相手も幸福ではないことがわかるからです。

ただ真の愛を選ぶことによる別れは、泥沼離婚であるとか、互いにいがみあい、傷つけあったりするようなものではなく、新しいステージへ進む互いを応援し合えるような、新たな一歩を踏み出し合える流れになります。

いま大切なのは、巣ごもり状態がまだ続いていて、パートナーとうまくいかなくてストレスでもう気が狂いそうだ、となったとしても、どうかまずは、あなたの命にフォーカスすること。自分を大切にし、心からどうしたいか。私はこの家族との運命共同体としてやっていきたいのか。そうならば、どんなふうにしていけばいいのかということに対して、純粋な思いを確かめてみることです。

そこから、愛を持ってパートナーと話しあってみる。相手はすぐには聞く耳をもたないかもしれませんが、あなたの心は互いにとって最善を生きるというところにいてください。あなたが愛をもって関わっていけば、最終的に別れが待っていたとしても、あなたもパートナーもいままでより幸福を広げる道を歩んでいけます。

トレーニング⑤
被害者にならない

かつて3・11東日本大震災のときもそうでしたが、これからしばらくは、過激な状況に見舞われる人もいるかもしれません。

会社が倒産してしまったり、人員削減のために解雇されて、自分の意思とは関係なく方向転換せざるをえないという方もいるかもしれません。

地球天国へ完全に移行していくこのタイミングで、半ば強制的にリセットをかけられる人というのは、多いものです。

大事なのは、被害者意識を持たないこと。コロナや会社や社会のせいにして、悲劇のヒロインにならないことです。この大変革のタイミングで命を与えられているあなたの魂は驚くほど勇敢です。自分にとって想定外の状況になったとしても、私には別の可能性がある、ということを源が見せてくれているということを意識してください。そして、どうぞあなたのハートを開いた状態で、世の中を見渡してみましょう。

「今月いっぱいで君はもう会社に来なくていいよ」と言われたら、ショックでネガティブな思考が働くと思います。それを抑えつけて無理にポジティブにもっていくというのではなく、その恐れや不安を一度ちゃんと受け止めましょう。感情を受容してあげてください。「怖いよね」「心配だよね」「いままでがんばってきたよ。えらいね」など、自分に言葉をかけてあげましょう。ネガティブな感情は見ないようにするよりも素直に認めてあげると、すっと昇華するという特徴があります。

しかしそのネガティブ感情に繰り返し浸りきって、怖い不安といったエネルギーを自分から放ちまくっていると、そのような鬱々とした現実を引き寄せることにもなりかねません。

しっかり自分の感情を受け止めたら、これはもうおしまい。「次はどんな楽しいことが待ってるかな」「どんなことができるかな」「何がしたいかな」とワクワク想像する時間を増やしていきましょう。考え方をシフトするのです。

リストラにあったのならば失業保険の手続きをするなど、現実の対応をして、新型コロナの感染者数やコロナによる企業の倒産件数といった不安を増幅させるようなニュースとは距離をおきます。自分にとって大事な情報だけを追ってみてください。

意識的にポジティブでいることにもっと時間を費やしていきましょう。

命がある限り、あなたは新しい世界で、別の可能性を開き、使命を果たす役割があるのです。自分の命や愛を広げて、家族を大切にしながらできる仕事を創り出していけるときなのです。

ここ数年だけでも、新しいビジネスモデルが続々誕生して、私たちはその恩恵にあずかっていますよ。

リモートでの仕事を可能にしたZoomはもちろんのこと、家の不要なものはメルカリなどで売れば必要な人が買ってくれてお金に換えられます。空いた時間でデリバリーをしてお金を稼ぐUber eatsもそうですし、定額制で使い放題が売りのサブスクリプションというシステムもあっという間に普及しました。

一昔前は自分の雑貨屋さんを開くとなればランニングコストがかかるし一大事業でしたが、いまはスマホ一台でオンラインショップがすぐにオープンできる。しかも世界中の人がお客様になってくれる。こんなふうに、お金の稼ぎ方ひとつとっても、会社にお勤めするだけではなくなってきていますし、起業もしやすくなっています。

「こんな仕事があったのか」「こんなやり方ができるんだ」というものが時代の変化とともに必ずあります。あなたにも、自分では思ってもみなかったようなシステムがひらめいて、それが自分のためにも世の中のためにもなるような新しい仕事や働き方、稼ぎ方になることも十分考えられるのです。

トレーニング⑥
過去の物差しで判断しない

ここからの変化というのは、とんでもない加速実現が起きる人が続出します。加速実現とは、簡単に言うと、今の自分が〝飛び級〟をするような感じです。

いままでだったら、たとえば幼稚園、小学校、中学校、高校、大学、というふうに段階を踏んで夢を現実化していくプロセスがわりとありましたが、ここからは幼稚園からぽーんと大学に行くような、あなたの才能が一気に開花して生かされる状態になりやすいのです。

たとえば、趣味で描いていたイラストをＳＮＳにアップしたら、仕事依頼がバンバンきて、１週間足らずであれよあれよと売れっ子イラストレーターになった、というような感じです。

それは、この地球が神々や光のマスターともつながりやすくなっていることもあって、人類が「命を生かす」ということにぶわっと力を貸してくれるからです。

その展開の速さに驚く人もいるでしょう。「私なんて無理」とたじろいでしまうかもしれませんが、前例とか、常識とか、過去の経験に振り回されるのはやめて、まったく新しい次元にきたのだと思って、スタートすればいいのです。

過去を悔やんだり、過去の経験で物事を考えることをストップすることからはじめておきましょう。

トレーニング⑦
愛で多様性を受け入れ、真のボーダーレス社会を生きる

これまでは、ごくわずかな人たちだけが主役になっていた世界だったともいえます。

これからは、どこにいても「自分が主役である」ということを感じながら生きていく世界が始まっています。

自分にとっては当たり前すぎて特別な才能ではない、と思っていることでも、実は多くの人がその才能に気づいていて、輝いていることを互いに認め合い尊重することができる愛の世界ゆえです。

それは次元上昇にともない、人類の感情のレベルが進化していくことで可能になります。

命を生かすということは、すでにあなたという命がここに存在している。もうそれだけ

で、素晴らしいということに、人類が心底気づく、そして愛と調和の精神でもって行動していくのです。

ダイバーシティという言葉もだいぶ浸透していますが、ほんとうの意味で多様性を認めるということは、愛がないとできません。

そういう意味で、これからは、真のボーダーレス社会がはじまるともいえます。

分離の世界を生きた残像の中で、他者に対して「チッ」と思うこともまだまだあるでしょう。でも、「そう思う人がいてもいいよね」、というように受け止められるようになる。「自分は心が狭い」と思っている人もいるかもしれませんが、大丈夫。これからは、イラっとくるたび逐一、突っ掛かってケンカをしたり、自分の思い通りに動かしたいという欲望そのものも減っていきます。

みんな違っていいし、いろいろ違っていても何も問題ない。そういう考えは、子育てなどの教育の場でも浸透するでしょう。

私たちの受容力や許容力のキャパシティが、とてつもなく広がっていくのです。

おわりに

世界中の聖地の旅はいかがでしたか？

お気に入りのスポットやマスターがみつかって、あなたが地球天国を自分らしく歩んでいくきっかけにしていただけたら、こんなにうれしいことはありません。

明日目が覚めたら突然、地球天国になっていたというようなことはなく、しばらく混乱は続くでしょう。

その混乱も、一人ひとりが内なる神を目覚めさせ愛で生きるためのトレーニングです。外の社会情勢がどうであったとしても、あなたという神がつくり上げるものは何かというところに集中していきましょう。

日本はこれまで多数の困難を乗り越えてきました。今回の混乱は、４００年続いた江戸時代が明治維新によって、和洋折衷の新しい世界になったときのエネルギーに似ていると同時に、第二次大戦後、敗戦からの日本社会の復興という激動のエネルギーも混ざった側面があります。

繰り返しますが、恐れる必要はありません。これから私たちが迎える地球天国は、あまりにも瑞々しく豊かであり、すべての人が安心安全で自分の本領を発揮できる、そういう社会です。

ただただ、あなたの中の愛を惜しみなくあふれさせて、一歩ずつ進んでいきましょう。

私は、全人類がワンネスの地球意識になるときを、いまかいまかと楽しみにしています。一人ひとりが宇宙との交流を日常的にするようになることです。交流というのは、一方通行ではありませんから、他の次元や、他の惑星と異種間の交流をするようになるのです。人間は誰しもスピリチュアルな能力をもっています。それが誰でも自然に使えるようになる日がすぐそこまできています。

これからは、地球だけでなく他の惑星の聖地にも足を運べるかもしれませんね。

私たちのスピリチュアル能力の開花は、本来の愛の振動数を取り戻した地球が、地球天国を維持し、さらに進化していくという流れをつくり上げていくために必要なのです。そして、そのプロセスには、人類の一人ひとりが人生の主人公として現実を自由に創造して生きるというパワーが欠かせません。

どうぞ存分に能力を解き放ち、地球天国に貢献していきましょう。

あなたの人生が心からあなたらしく輝き続けていくことを祈っています。

沖縄県瀬良垣島にて　穴口恵子

穴口 恵子
あなぐちけいこ

スピリアル®ライフ 提唱者
㈱ダイナビジョン 創始者

日々の生活の中で実践するスピリアルライフを通し、誰もが無限の可能性を開き、人生のバランスをとりながら幸せで豊かに生きることを提唱する。

これまでに、人材育成コンサルタントとしてソニー、シティバンク、本田技研、ＢＭＷをはじめとする数々のグローバルな上場企業等のコンサルティング、研修を行う一方で、世界中に最高のメンターを探し求め、日本でそのプロデュースを行うなど、世界最高レベルのものを人々に提供してきた。

現在、日本でスピリチュアルスクールやショップの運営、セミナー事業等を行うかたわら、聖地として名高いアメリカのシャスタ山でもショップを運営。世界各国からも招かれ、セミナーや個人セッションを行っている。これまで２万５０００人以上に個人セッションを提供。

また、数々の世界初のパワースポット遠隔伝授を開発し、延べ15万人を超える参加者が受講している。

スピリアルライフをサポートするセラピストの育成に特に注力しており、オリジナルのヒーリングやチャネリングメソッドの認定コースを全国で開催中。これまでに３０００人以上のセラピストを輩出している。


２０２０年12月21日冬至、風の時代への切り替わりのタイミングで、25年間経営していたダイナビジョンの代表取締役社長を交代。より軽やかに自由にスピリアルライフを満喫中。

著書は、『新しい神話』（サンマーク出版）、『叶える力』（きずな出版）、『１日３分瞑想してお金持ちになる方法』（光文社）など多数。

穴口恵子のＳＮＳリンク
https://lit.link/keikoanaguchi

Special Thanks to

作家プロデュース
山本 時嗣（ダーナ）

写真協力
森藤 ヒサシ
http://www.morifujihisashi.com/
大渕 悠子
https://lit.link/placegaia0Espacio

聖地《せいち》からのメッセージ

二〇二三年（令和五年）四月二十四日　初版第一刷発行

著　者　穴口 恵子
発行者　石井 悟
発行所　株式会社自由国民社
東京都豊島区高田三―一〇―一一　〒一七一―〇〇三三
電話〇三―六二三三―〇七八一（代表）
造　本　J K
印刷所　大日本印刷株式会社
製本所　新風製本株式会社
©2023 Printed in Japan.　乱丁本・落丁本はお取り替えいたします。

○造本には細心の注意を払っておりますが、万が一、本書にページの順序間違い・抜けなど物理的欠陥があった場合は、不良事実を確認後お取り替えいたします。小社までご連絡の上、本書をご返送ください。ただし、古書店等で購入・入手された商品の交換には一切応じません。
○本書の全部または一部の無断複製（コピー、スキャン、デジタル化等）・転訳載・引用を、著作権法上での例外を除き、禁じます。ウェブページ、ブログ等の電子メディアにおける無断転載等も同様です。これらの許諾については事前に小社までお問合せください。また、本書を代行業者等の第三者に依頼してスキャンやデジタル化することは、たとえ個人や家庭内での利用であっても一切認められませんのでご注意ください。
○本書の内容の正誤等の情報につきましては自由国民社ウェブサイト（https://www.jiyu.co.jp/）内でご覧いただけます。
○本書の内容の運用によっていかなる障害が生じても、著者、発行者、発行所のいずれも責任を負いかねます。また本書の内容に関する電話でのお問い合わせ、および本書の内容を超えたお問い合わせには応じられませんのであらかじめご了承ください。